幸せな心と体のつくり方

心理療法家
東 豊
HIGASHI YUTAKA

長谷川淨潤
HASEGAWA JOUJUN
整体指導者

tomi shobo
遠見書房

はじめに

この本を手にしたあなたは幸せです。


なぜなら、今どんな状況であっても、幸せを感じられるようになるから。

そして、幸せを創ってもいけるようになるから。


幸せって、外にあるんじゃないんです。

実は、感情、感覚なのです。

幸せという気持ちなのです。

ですから「幸せとは幸せ〝感〟」なのです。


ここで少し私自身の話をさせてください。

皆さまの中でもいらっしゃるかもしれませんが、私は「もう死のう」と思ったことが、何千回もありました。

最初は十歳の時。そして十四歳から二十五歳までは毎日一日も欠かさずそう思っていました。

その後、今の仕事についてからは少なくなりましたが、それでも周期的にそうした感情になりました。

40代後半のある時、かなりどん底の状態になりました。その時、幸せについて真剣に考えました。文献も可能な限り入手しました。

しかし、どんな幸福論も、ほぼ全て、外のことを対象にしているのですね。仕事、家族関係、お金、人間関係、その他もろもろ。


幸せって違うんです。

幸せとは幸せ感である……そんなことを言っている人、書いている人は一人もいなかった。


そこで、どうやってこの状態を乗り越えられるか、幸せな感情、感覚にまでもっていけるかを、私なりに毎日毎日真剣に考えてみたのです。

結論は、二つでした。

一つは、覚醒剤（あるいは替りとなる強力な薬剤。これは冗談ではありません。それだけ逼迫していましたから）。

しかし、これは副作用や、リバウンドが大きい。

そうしたことがない、強力な幸せの処方箋はないものか。

それが二つ目になるのですが、それを毎日、考え、思いつくものを書き留めていったのです。

そして、書き留めていったものを整理して、ともかく最強力のものをとピックアップしていくと……なんと……自分が行っていた仕事に他ならなかったのです。

今でも、その時、書きためた紙をよく持ち歩いています。自分の原点ですし、そしてそこから育っていけると思って。

そう、幸せの青い鳥ではありませんが、まさか自分が他人に紹介したり指導していること（氣道）が、実は、幸せになる最も強力なメソッドだなんて、思いもよらなかった。

頭だけでなく体の中がガチャガチャに変わるほど驚いたことを今も思い出します。

そうして少しずつ立ち直っていったころ、東先生と初めてお会いすることができたのです。

その馴初《なれそ》めについては、本書第三部でお話しさせていただいていますので、ここでは割愛しますが、先生にお会いして、その意をさらに強くしました。

そしてまた、実は今、幸せじゃん、と気づけたのです。

NとかPとかいう前に大いなるPがあるやん。そ、そうしたら全部Pやん、と。

この本をお読みになるあなたは幸せです。

なぜなら、今どんな状況であっても、幸せを感じられるようになるからとか、幸せを創ってもいけるようになるから、

……だけでなく、

実は、今、幸せだ、ということが分かるから。

その、〝実は今、幸せであった〟ということに気づくためにこそ、この本の意味があります。

――こんな本、私自身が欲しかったなぁ。

人生って、そんなものかもしれません。

ドラえもん、ではないですが、未来に行った時の自分から教わるみたいな……えぇっ？　出所は？　みたいな。

そんなことも、この本の中には散りばめられています。

さて、どうして、この本ができたか？

……についても、少しだけ触れさせていただきますね。

まずは、先生とお会いしてから親密になり、さらに lovelove になり（そう思っているのは私だけかも……）、そうして五年ほどたって、私のほうから切り出したんですね。

「先生、私が体から、先生が心から、ということで、いらっしゃる方が幸せになる、〝幸せであるための秘訣〟をお伝えする講座を行いませんか？」と。

先生は快諾してくださりまして、（あぁ、その頃はlovelove、何というラポール。今は？　これからは？）

そして、実現に相成ったのです！

そして、その時の講座のテープ起こしがこの本というわけです。

（……とはいっても、東先生と違い、私はほぼ右脳しか無い人間なので（髪の毛も右側ばかり白髪）、出版社の遠見書房の社長さんから言われたように〝鉛筆舐め舐め〟校正させていただきました。その意味では、元のライヴ講座ＤＶＤ（＆ＣＤ）をぜひ観てほしいなぁ……）

もう少しだけ補足させていただきますと、講座のあと、ＤＶＤだけは頒布させていただいていました。その講座、そして打ち上げにも「この講座を本に……」という編集者がいらっしゃったのですが、その話がタオに行ってしまったため……（なお、タオについては本文中をご参照まで）一年くらいたって、「先生、やはりあの講座、本にもしたいですよ。より多くの方々、そして地球にとってもＰ循環になる、と思うのです」と言ったところ、

「だったら、遠見書房や！」……という経緯でこの本が日の目を見ることになったのです。（そして今、あなたのお手許に！）

さてここで、この本の特徴について掲げてみましょう。

●この一冊で幸せになる鍵が学べる（と思う）。

※急に弱気になっていますが、冒頭から書きましたように、ほんとうです（と思う。）。

●『幸せ』というテーマで、心と体の両面から語られている初めての本。

※私が知る限りではです。特に「真剣に本質をズバッと語った本」という意味では皆無かも？

（なお、心理と整体（つまり他者への心身両面からの援助）の本としては神田橋先生と白柳先生の共著がありますが、幸せというテーマではありません。）

●執筆者（コラボ講座担当者）がlovelove である。

※ほんまかいな。何度もいっていますが、片思いだったら怖い。

――以上、この〝心身両面からの〟

〝史上初の幸せ本〟（時間）

〝地球初の幸せ本〟（空間）

について紹介させていただきました。

そう、何度もシツコイですが、（そんなこと言っている人がいないので）幸せは気持ちなんです。

幸せ「感」なのです。

それを得ることが、この本をお読みになることでできます（……と思う）。


そのポイントは……

これは、最後までお読みになれば、お分かりになるのですが、「人生は一人相撲」（造語）なんだということ。だからこそ幸せになれるのです。


この本を、幸せになりたい、全ての方に捧げます。

※なお、実際に私たちにお会いしたい、という奇特な方は、私の場合、インターネットなどで検索して下さったら幸いです。何にせよ、私たちが生きている間に……そういうこと、この数年多かったので付記させていただきました。

目次

第一部　体から、幸せ（の器）を創る！　長谷川淨潤

1　幸せとは何か？　改めて考えてみよう

皆さん、こんにちは。長谷川淨潤です。

今日は「心と体の学校――人生の諸問題に対する心身両面からの〝幸せ〟へのアプローチ」ということで、私の方からは、主に体の面からの「幸せな体づくり」についてお話しさせていただきます。

その前に、今日は初めてお会いする方もたくさんいらっしゃいますので少し自己紹介をさせていただきたいと思います。

私は小さい頃からなぜか人の生死に興味を持っていて、四歳の頃には人体解剖図を模写するような、少し変わった子どもだったそうです。

小学校の頃の愛読書は『家庭の医学』だったり、どうも人とは違うことばかりに興味があったようで、幼心に、なんだか自分はかなり変っているのではないかなと思っていました。

そういう私の個性を母が伸ばしてくれまして、十歳のときに尊敬する先生との出会いがあり、本格的にヨーガや心理学などの研鑽を始め、中学の時には玄米菜食をしたり断食をしたり。

父からは「健康法なんて、おじいちゃんになってからするものだ」と言われながらも、自分を実験台にしていろいろな健康法や能力開発法を試す日々でした。

そういう意味では、今ではヨーガや健康法も、昔と比べたら変わったものでは無くなってきて、今ではアカデミックな場所でお話しさせていただく機会も出てきて、隔世の感があります。いい時代になりましたね。

ともあれ、その中でも特に共感したのが野口整体で――整体についてはまた追って詳しくお話しさせていただきますけれども――野口整体をベースに、さまざまな健康法や心理療法、潜在意識の活用法を私なりに統合して、「氣道」というものを創らせていただきました。

主な仕事としては、こうして皆さまの前でお話しさせていただくこともありますが、整体をさせていただくことも多く、その時にはたいてい目を閉じて、目の前の人にじっと手を当てています。ひとことで言うと、氣の流れ、つまり意識と無意識の流通を良くするお手伝いをさせていただいている人間です。

のべ一〇万人以上の方にお会いさせていただく中で、結局のところ、私の仕事というのは「相手の方が最短距離で幸せになるためのお手伝い」なのだな、と思うようになりました。

さて、今日のテーマは「幸せ」ということなので、まず「幸せを得るためにはどうしたら良いのか?」ということを改めて考えてみたいと思います。

◆ワーク1
お近くの方と組んでいただいて、今までで一番幸せだった時のことをお話ししてみてください。

恥ずかしいこともあるかもしれないので「高校三年生の時に味わったこの感覚です」「こういう

ことがありました」でもいいですから、一人一五秒か二〇秒くらいでお話ししてみてください。今までの人生の中で、今思い付くことでいいので、「一番幸せだったなぁ」と思うことを選んでお話してください。

※本をご覧になっていてお近くの方がいない場合は、お一人で思い出してみてください。

続いて、こんなことを聞いてください。

「どうしたらそれを再現できますか？」

同じことでなくてもいいので、どうしたらそれを再現できるでしょうか？　どうしたらもう一回、それを味わえますか？

たとえば結婚したことがもし一番幸せなことだとしたら、もう一回結婚するということではなくて、その幸せをどうしたら再現できますか？ということを聞いてみてください。

※あるいは、お一人で思い出してみて下さい。

この前、面白い本を読みまして。『14歳からの哲学』(注1)という本なのですけれど、ご存じですか？

ある人が整体を受けながら教えてくれた本です。

(注1) 池田晶子著『14歳からの哲学：考えるための教科書』トランスビュー刊

哲学者の池田晶子さんという方がお書きになった本ですね。いろいろな意味できれいな方です。彼女は四十六歳で亡くなられたのですけれど、最期まで原稿用紙とボールペンを離さず、そして居ながらにして宇宙旅行をして。

大風のあった日なのですけど、これからの出発に際して自ら墓碑銘ですか、銘を記したのですね。

それはたった一言。亡くなる直前のことです。

「さて、死んだのは誰なのか？」

――それが最期の言葉だったそうです。

それを書き記されて、新しい旅に逝かれた。

その『14歳からの哲学』の中で書いてあることは、私がよくいろいろなところでお話しさせていただいていることと同じでして、それを「哲学」という言葉を通して表現しているんだなぁと思いました。

先程お話ししましたように、私自身が小さい頃から体に興味があり、また心にも興味があったのですけれども、そこから触れていって勉強させていただいた中には「哲学」ということもありました。

哲学といっても、全然難しいことじゃない。高校一年の時、私は「哲学とは再認識のことだ」という大きな実感を得たのですが、四十年経ってそれを改めて感じさせられました。

その中で、「自分とは何なのか？」という質問から入るわけですよ。「私とは何か？」

この問いについても、また後ほど触れていきたいと思います。(注2)

さて、今皆さんは、今までにあった一番の幸せのことを話し合いました。

その次に、どうやったらそれを再現できるか。同じ出来事でなくとも、どうやったらその感じを再現できるか？ということを話し合いました。

ここで、改めて「〝幸せ〟とは何か？」ということを考えていただきたいのです。

◆ワーク2

幸せって何なのだろうか。

これをまた、一五秒か二〇秒でお話ししてください。

※あるいは、お一人でお考えになってみて下さい。

実は、「幸せとは何か」という質問については、私が自分で収録した中で一番良いCDじゃないかと自画自賛しているCDがありましてね。それは「幸せになるための秘訣」という録り下ろしCDなのですけれども、それは——自分でいうのもなんですけれども——結構いいことを言ったかなと思いまして、自分でその内容を書き出して、今日の準備とさせていただきました。

どうやったら幸せになれるのか？　幸せとは何なのか？

（注2）「私とは何か」については「4」で詳しくお話しします。

私なりの答えを申し上げますと、幸せとは幸せな感情。幸せな気分、気持ちなんですね。つまり、「自分が幸せと感ずるかどうか」だけだということです。

答えは人によってさまざまだと思うけれども、私にとってはそうなのです。

――いえ、今日お話しすることは、全部私の観念、私のフレームを通しての話ですから。正しいか正しくないかではないですから……。

ただ私、長谷川浄潤はこういうフレームを持っている、私はこういう信念というか観念を持っている、というだけのことですから、皆さんは皆さんで「本当にそうかな？」とお考えになっていただけたらと思います。

2　体は「治そうとしない」と、一番早く整う!?

小さい頃から体や心に興味を持っていろいろな勉強をさせていただいたと申し上げましたが、私は一言でいうと、効率至上主義なのです。

たとえば風邪だったら、早く治したい。そしてまた、風邪の方がいらっしゃったならば早く治してあげたい。そういう気持ちを持っています。

これは心の問題もそうで、悩みも早く解決したい。

「どうやって、いかに早く楽に治せるか?」ということだけを、追求というと偉そうだけども考えてきた人間です。そしてそれは今でもそうです。

風邪を治すにはどの薬がいいか。パブなんとかか、バファなんとかか、それともケロちゃん、コルゲなんとかか、とか、いろいろ試してみて、それをブレンドしてみて、気持ち悪くなって……とか、幼い頃からいろいろな人体実験をしていました。

後年、マクロビオティックやヨーガや野口整体などに触れて、また違った考え方を知りました。

野口整体では、『風邪の効用』（注1）という本がありますよね。

ガンとか脳溢血になる人は、大概の場合は数年間風邪を引かない時期がある方が圧倒的に多い、ということが冒頭から書いてあって、それはすごいショックを受けました。

でもガンが治せる薬があればいいや、風邪の時も薬を飲んですぐに治すし、ガンだったらガンを治す薬をすぐに飲む。だったらそれでいいや、とも思った。

心も同じ。幸せも、何か幸せになる薬があるならば、副作用さえなければいいんじゃないか、などとも思っていました。

一九八〇年代の頃に、新聞とか週刊誌に、一斉に大見出しで出ました。「風邪薬を飲むと、平均一日治るのが長く延びる。しかも予後が悪い」。びっくりしました。なんだ、薬を飲むと早く治るのではなくて、かえって延びるのか……。

一週間後から二〇一八年の今まで、新聞、週刊誌、マスコミでは、そういう情報は一切出なくなりました。不思議だなぁ、あんなに完全にクリーニングできたらどんなにさっぱりするのかと参考にしたいくらいだったのですが、でも、どうもあの時の報道は事実らしい。

少なくとも、そうじゃなかったというようなことは、それからは言及されていない。

そういう訳で、どうも風邪というものは早く治そうとするならば、あまりいろいろなことをしない方が早く治るということに気がつき、そしてまたいろいろな人体実験をして私なりに検証していきました。

それまでに、早く良くするためのいろいろな知識や技術も学んでいたのですけれど、それは学んだことが実は必要ないということを知るための旅だったのかもしれません。

効率至上主義でやっていったら、結局風邪というものは治してはいけない、自然に経過させていくものだ、ということが分かった。

ただ、自然に経過するというのは、放ったらかしにしろという意味ではないのですよ。

まぁ、放ったらかしが理想ではあるのですが、放ったらかしにするのだったらば、自分自身に、あるいは家族やクライアントの方であっても、ちゃんとした観察が必要でしょうね。うん、自然に経過している。ここところだけつっかえている。でもここは明日になれば良くなるだろう。——そういう、時間的な経過を含めた観察というのがキッチリしていて、その上であえて手出しをしない。

そういう放ったらかしというのは理想かもしれない。

だから、自然に経過させるというのは放ったらかしにさせるということとイコールではない。むしろ難しい面もあるのです。

ただ、人間の中には、自然に経過させていこうという力がある。

自然治癒力とか、自然良能といわれる力がある。心といえばリソースという言葉がそれに近いのかしら。より良くなろうとする、止むに止まれぬ要求と言ってもいいかもしれない。それによって私たちは生きているのです。

(注1) 野口晴哉著『風邪の効用』全生社刊。ちくま文庫版も出ていますが、野口先生の氣に触れる意味では全生社版をお勧めしています。

その力を信頼できたら、できるだけその力にまかせることができたら、それが一番の早道であるということは言えるのではないか。

東洋医学だと、「自然治癒力があるから風邪なんて治るよ」という言い方が今でもあるけれども、野口整体とか西医学では、「症状即療法」ということがありまして、「風邪も役立っていることがあるとも言えるよ」というような観念、フレームを持っているのです。


先月、インフルエンザにかかりました。

名前は言えないんですけれど、仮にY・H先生としておきましょうか。

ある日お会いしたY・H先生が、マスクをしている。「東先生、お風邪ですか？」――あ、いやいや、ええと（笑）。

Y・H先生が、「インフルエンザにかかったみたいで」。「そうですか、良かったですね」と言ったら、私もその翌日から体調がめちゃ悪くなりました。

どう考えてもインフルエンザ。

久しぶりに、地獄のような幸せ感を味わわせていただきました。

自分の体が解体されていく、自分のからだが死に向かって滅びていく、という心地よさもあるんですよ。

マゾじゃないですよ。

そうじゃなくて、大きな風邪を引いた時って、自分の体が解体され再統合されていく、再生されていく心地よさというのがあるのですよ。

どこか「この後こうなるんだな」と、新しい身心になれるということを、自分の体が知っているのかもしれないですね。

ともかく自然治癒力があるから、インフルエンザになれる。風邪を引ける。

私は自然治癒力と自然破壊力は同じものなのだなと思っています。

——で、インフルエンザにかかったわけ。私がかかったら、家族の人が「あ、かかってよかったね」と言いました。

そしてもちろん、その翌日から、家族の人もかかるわけです。

私はうつして良かったなと思いました。良いことは、伝播していかなくてはね。あとで東先生からご説明があると思いますが、これをp循環といいます。

ともかく、インフルエンザにかかった後、すごくスッキリしました。

具体的に言うと、今年は特にだけれど、いつもだいたいこの鎖骨のくぼみのところ、ここが硬かったのが、インフルエンザを経過すると無くなる。

もう少し専門的にいうと、胸椎3番、4番というところの左の硬いのも無くなる。というか、もともとそういうところに硬結《こうけつ》(注2)がある人だけがインフルエンザに「かかれる」。

おそらくこの部屋の中にも結核菌はウヨウヨしています。大腸菌もウヨウヨしているかも。

でも、結核になれない。

ならないのではなくて、なれない。

整体的な文脈で言うならば、胸椎2番と3番がくっついて、腰椎の4番5番が弛緩している人だけが、結核菌に「かかれる」。結核になれる。

そして結核が自然に経過すると、その胸椎2番と3番が離れる。


これを、心のことで置き換えたらどうなるのだろう？　と考えました。

だいたい気分が悪い日の次の日はさっぱりしていることが多いです。いや、本当に。

今日はいい気分だな、いい体調だな、いい心持ちだなという前日って、ちょっと落ち込んでいたりすることが、私の場合はある。

そうやって気がついてみると、周囲の人にもそういうことがある。

ある時期、ガンの方ばかりがいらっしゃることがありました。ガンの方を診るのが苦手だったのですね。

その頃は、「ガンというのはもう助からない」という観念、思い込み、あるいは難しいというフレーム、そういうものが染み付いてしまっていました。

そのため、快医学(注3)とか、他のところに足を運ぶことになった。そうしたところには、ガンの方とか、エイズの方ばかりがいらしている。九〇％くらいとか。

そして、その方々の治癒率がものすごいのですよ。お医者さんから見放された方々が、7割以上かな、ちょっと定かなことは言えないけれど、助かっている。

これでは野口整体、整体がすごいなんて言っていられないと思って、頭を垂れて瓜生《うりう》先生の門を叩いたことがあります。

そうして、「ガンも肩凝りと同じだ」という瓜生先生の言葉を聞きながら、ホンマかいなと思いながら、いろいろ勉強させていただきました。そうしているうちに、ガンに対する苦手意識は取れてきました。

すると、ピタッとガンの方がいらっしゃらなくなった。いや、今でもいらっしゃいますよ。でも、その時は、めっきり嘘のように減っていった。

まるで、自分が引き寄せているみたいだな、と思った。

ちょうど、風邪を「引く」と言うように……。

インフルエンザにかかれる人は、さっき言った鎖骨のくぼみなどに塊がある。そしてインフルエンザを自然に経過させるとそこが無くなる。

ガンを怖がっている人も、それなりの体がある。胸椎7番の左一側に硬結がある。そして、ガンが怖くなくなったときにはそれが無くなる。

――というように、悩みというものも、覚醒剤とか打たなくても、自然と経過させていくと、それが起こ

（注2）ちいさな塊のこと。

（注3）快医学（快療法）とは、快《ここ》ちよさで体を整える、自分でできるアプローチを紹介している団体。創始者は瓜生良介先生（故人）。

らなくなってくるという、それと同じことがあるんじゃなかろうか。と思いました。
そうなってくると、悩みも役立っていることがあるんではなかろうか――と思えるようになりました。

●コラム：整体とは、もともと「野口整体」のこと

野口整体は、野口晴哉《はるちか》先生が創られたものなのですが、実は、「整体」という言葉自体が、野口晴哉先生が作られたものなのです。

整った体、と書きます。

野口先生が中心になって、「整体操法」というものを昭和十年代にまとめあげたのですが、その時にはカイロプラクティックとかオステオパシーとか足心道だとか、その頃いらした天才的な療術家たちを日本中から集めて、その中でどんな人に対しても七〇パーセント以上効果があるという急処――調律点、ツボですね――を選りすぐって纏めていったのです。

ところが、せっかくカイロの良い技術も選出したのに、後年カイロプラクティックを整体という日本語で訳してしまったために、整体というとボキボキという印象になってしまっています。

野口先生は不思議な人でして、自分が作った整体という言葉なのに、その印象が嫌で、自分の苗字をつけて、野口整体と言いはじめたのです。

だから整体と野口整体は違うと思っていらっしゃる方も多いでしょうけれども、実は整体とは野口整体のこと。野口先生が作られた言葉なのです。

そしてそういう意味で「整体」と言うとき、本当は「整体（指導）」というふうに、「指導」の部分を省略しているのです。

つまり、『「整体」とは整った体の状態のこと』を言います。

そして「整体指導」というのが相手を整体に導く援助のこと。しかし「整体指導」を省略して単に「整体」と言うことも多いのですね。

「整体指導」は、氣（持ち）を向けること――これを愉氣《ゆき》と言いいます――を基盤とし、「手当て（整体操法）」と「言葉かけ（心理指導、潜在意識教育）」の二つを通して相手の体や心を調律して整体に戻していくことなのです。

私たち人間、生き物は氣持ちを向けてもらうことで、なぜか体や心が整うように出来ているようです。その上で、触れてもらったり、言葉をかけてもらうと、さらに響くのですね。

そして「整体」つまり整った体や心に近づいていく。

具体的にどういう状態が「整体」なのかという見極めについては、また後の方でお話させていただきたいと思います（「整体」の見極めについては「7」で詳しくお話しします）。

3　ゆるぎない幸せとは?――「今、ここで」幸せになってみよう

「幸せ」とは何なのか?

お話ししてきたように、私は幸せについて、幸せな気持ちというのがあるな、幸せな感情というのがあるな、というように感じている。

だったら幸せな気持ち、幸せな感情を持つにはどうしたらいいのか。

そこで、アランとかいろいろな幸福論を読んでみました。

ところが、ほとんどの本は――私が知る限りですよ――「こういうことがあると幸せになれる」というふうに、幸せを他のせい、外のせいにしている。

そういう言い方がちょっと乱暴だったら、「自分でこうできる」というのではなくて、「こういうふうなことが起こると、ほとんどの人は幸せと感ずる」というところを出発点にしていた。

しかし、そうなってくると、結核菌があるから結核を防がないといけないのと同じで、「自分でその幸せを創る」ということが難しくなってしまう。

外や他に関係なく、お金に関係なく、住んでいるところに関係なく、それらが全部なくなったとしても、幸せ感というものがあればいいなと私は思ったのです。「ゆるぎない幸せ」というのかな。

さっきお話ししたように、病気も症状も、それは体が、自然治癒力が行っている健気なバランス回復運動だとするならば、心も然りで、悩みがあってもそれを経過して幸せになれる、ということができたらいいなと思った。

そこで覚醒剤を飲むことを放棄しました。それまでは、真面目な話、ちょっとやってみたらいいんじゃないかなと本当に思っていた。それくらい、どん底で落ち込んでいた時があったわけです。

それで、もがきながら、どういう風にしたら幸せになれるのかって、自分が今まで学んできた体のことを全部心のこととして置き換えて考えてみたのです。

そこで、私なりに得たことは、今も申し上げたことも含めて二つあります。

それは、他に関係なく、自分で幸せになれるかっていうことがポイントの一つ。他のせいにしない。自分のせいにする。一つめはね。

自分のせいにするというのは、全部自分の責任だよということでもあるのだけれど、同時に「全部自分で変えられるんだよ」っていうことでもある。

「じゃぁ浄潤、お前は今ここに針を刺すぞ、火を当てるぞ、それでもいいのか」って、それは勘弁ですよ。

程度問題もあるでしょう。

というか、もっと創れれば、程度も関係なくできるのかもしれない。日蓮上人は処刑されようとする直前でも「私はこの世で一番の幸せ者だ」と言ったそうですものね。

それには、日々Beトレ（後述します）じゃないけど、潜在意識を教育するトレーニングが必要になってくるでしょう。

もう一つは、これも似たような意味なんですけれども、今、幸せになれるかどうか。今ここで。

ちなみに「Here and now」じゃないですよ。「Now and here」なんですよ。時間を先に持ってくる。

これはなかなかに難しい。

とくに落ち込んでいる時に、今ここで幸せになるっていうのは難しい。

でも、今の落ち込んでいるなっていうことを味わい愛でることはできる。

「幸せー！」っていうワクワクした幸せではないかもしれないけれども、さっきのインフルエンザだったら自分の体が解体して滅びていくっていうことを味わい愛でることはできる。

それは穏やかな幸せ感です。

ところが大概の場合、この悩みをどうにかしなきゃ、この痛みをどうにかしなきゃっていうことで二重に苦しんでいる。

というか、人間は痛みそのものになっていない。痛みをどうにかしなきゃ、悩みをどうにかしなきゃっていうところで悩んでいる、というようなところがある。

それよりも、悩みそのものになって、完全に諦めて、ほどいて、味わうと、その悩みは縮小する方向にいくようなのです。

ですから、私は私なりに、いつも一瞬一瞬、幸せな方向に味わい愛でる方向にということをやりたいなぁと思っている人間なのです。

つまり、「全部自分で変えられるんだ」、そして、いつも先延ばしにするんじゃなくて、「今ここで味わっていこう、今ここを大切にしていこう」、この二つ。

今、幸せに、皆さんなれますか？

——頷いた方も多いですね。

◆ワーク3

では、ちょっと、ちょっとでいいから、今の気持ちをさらにいい気分にしていってください。ワクワクの幸せでなくていいから、ちょっとでいいから、自分の心を自分で舵取りして、幸せな気持ちに少しだけなってみて下さい。今より少しだけいい気分になって下さい。

自分の心のボリュームを、自分で調整するような感じ。

自ずと微笑みの表情になるまで、いい気分になってください。

素晴らしい！

今度は反対。心からではなく、体から創っていきましょう。

微笑んでください。

抵抗感がないくらいの微笑み。

顔だけでなく、体も微笑んでください。

心が、気分が変化するまで。

そしてその変化を確かめてください。


心から幸せになる。体から幸せになる。どっちもありなのです。

心と体って、分けられないところがあるのです。

便宜上「心」、便宜上「体」っていうふうに分けることによって、それぞれを取り扱いやすくはなっているけれども、実際は分けられないところがある。

私は〝幸せ〟を創るために、心で心の舵取りをする練習が必要だな、「Beトレ」つまり在り方、「潜在意識教育」が必要だな、と思って、いつも今、少しでも幸せを創れたら……という気持ちで練習をしています。

それとともに、今皆さんが後半、微笑むことから、つまり体の方から始めたように、体の方からでも〝幸せ〟感を創れることも知った。

そうやって実践していくと、けっこう体のほうからアプローチした方が楽かな、という時もあるのです。

4 〝幸せ〟は、自然に浮かび上がる

ここで、私たちの人間に対する捉え方をちょっと図にしてみますね。

これは例えの図なんですけれど、よく心理学でも氷山の絵を描いて、こう海があって、海から上が意識で、海面から下が無意識、潜在意識なんだよっていうお話をしますよね。

この氷山をひとりの人間、個人だとしましょうか。

水面下が無意識だったら、その中には、色んなフレーム、観念、つまり思考の結晶化したもの……そんなものが、それこそ潜んでいる。

たとえばこれがコンピューターだったとしたら、コンピューターのハードが氷山で、中に潜んでいるいろいろな観念、信念、フレームがソフトといってもいいの「かも」しれません。

そして、ユングという心理学者はさらに潜在意識には個人の領域を超えた社会や文化、民族性などが持つ普遍的な無意識、集合的無意識というのがあるということを言っていますね。

それが氷山の外側の海のような存在なのかもしれません。あるいは、それらをさらに押し進めた空のような存在なのかもしれない。

この図というのは、氣道の考え方を説明するときによく使っているものです。

最初のほうでお話しした「私とは何か？」ということを考える時、個体としての私、つまり氷としての私だけが「本当の私」ではないと氣道では捉えています。

この氷が溶けたらば、ほどいていっちゃったらば海になるでしょう？

あるいは蒸発して気体になるでしょう？

——そのようなものじゃないかと思っているのです。

だから本当の自分とは、この海のほうなのではないだろうか。

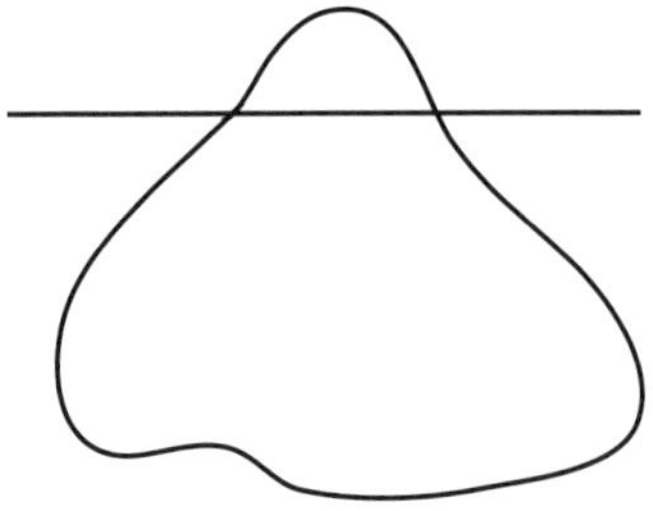

図１　氷山の図

この海や空の存在というもの、「本当の私」、自分の源の存在というものを、私たちは別の言葉で、色んな言葉で言い表しています。

道教だったら、「道《タオ》」と言っている。そして道教でタオとは何かというと、「氣である」と。

あるいは道教では、「無」という言葉もある。「無」と「空」は違うという学説がありますけれど、今は一応似たような言葉として、「大いなるいのち」というようなものを指していますね。

「愛」の流れであるとか、「気づき」であるとか、「ブラフマン」であるとか、あるいは「神」であるとか、「梵」であるとか、さまざまな言葉がありますけれど、ここでは大いなるいのち、宇宙生命とでも言うべき、そういうものがここに描いた海や空にあたる存在だ、と捉えてみて下さい。

こういうのはわりと東洋人、日本人には馴染み深い考え方でしょう。

そしてそうした、大いなるいのちから、個体を持って、生が生まれた。

だから生命っていう言葉は、個体のいのちである生と、命《めい》であるタオとしての大いなるいのちが結びついた状態であるとも言える。

これは私の個人的な解釈？当てはめなのですが、そう捉えると結構うまく説明できるでしょう？

そして私たちは死んで、またもとのタオに還っていくのかもしれない。

あるいは死に切れなくて観念がまだあると、全部海に溶けないで、なんかここらへんにくっついて……ここにはいないかもしれませんが、なんですか、地縛ナントカとか、背後ナントカとか、ありますよね。

あるいは生まれ変わりとか。海に溶けたのにまたこっちに生まれ変わるとか。そういうこともある「かも」しれない。

そうすると、個体の氷の中で「幸せだ幸せだ幸せだ」っていうふうに、やろうやろうともがいていても、戻っちゃうことがある。

もっとほどいて、もっとリラックスして、もっと緩んでいくと、つまり神とつながるというかタオと繋がるというか、海が氷になることも自由だし、また氷が海になることも自由だし……というように、ちょっと手放すというか、こだわりを柔らかくしていけばいくほど、余計にもともとあるもの――体の力だったら自然治癒力、心の力だったら幸せ感みたいなもの――が浮上するのではないだろうか。

そんなふうに私たちは考えております。

そして、こうした意識とタオとのつながりが良い状態、潜在意識や集合的無意識、そしてタオとのつながりが良い状態というのを目指す方向性として「氣道」といっています。

ですから氣道というのは自然に生きる道だよとか、反対に自然を生かす道だよ――自然を生かすっていうのは大乗仏教のようにタオを生かして、この体や心を使うっていうことですね――とか言っているのです。

そして当会（氣道協会）では、快ちよく、簡単にできるメソッドを通して、「こういうことをやるだけで、氣の巡りがよくなるよ。つまり意識と潜在意識さらにはタオとつながって、簡単に幸せになりやすいよ。そして、だんだんとそれすら要らなくなるよ」ということをお伝えさせていただいております。

●コラム：体も心も無い、からっぽの感覚から生まれた「氣道」という言葉

今、お話したように、〝氣道〟とは、自然に生くる道です。

三〇歳の時にそれまで所属していた団体から独立することになりまして、これからどういう名称を名乗っていこうか、私が伝えていきたいことを一言で表すとどういうことになるのか？と考えていた時期があったのですね。

そんなある時、新宿を歩いていたのですが、その時の私の状態はとてもいい感じだったのです。

体も無い、心も無い。

――そういう感じでした。


胃が痛い時は胃の存在を感じますよね。でも、何ともない時には胃の存在を感じない。

心もそうで、悩みがある時などには心の存在を感じる。

調子がよい時、理想な健康状態、つまり体が整った整体の状態にある時というのは、体も心も、無い感じなのです。

その時もそうで、何もない、空っぽな感じでした。

しいて言うのであれば、氣だけがある。

それで、こんなふうな空っぽで風通しのよい感覚を持って生きられたらいいな、つまり「本当の私」であるタオ、氣、自然を活かして生きられたらいいなということで、氣ながらに生くる道、「氣道」という言葉を創ったのです。

ですから氣道とは真の「幸せの道」ともいえると思います。

そして、その〝氣道〟をお伝えする団体（氣道協会）を創りました。

人間も野生の動物同様、もともと元気（文字通り〝元の氣〟そのもの）な存在なのですから、体や心の交通整理をして、もともと持っている力、元の気（元氣）を十分に発揮させていけばいいのですよね。

ですから、氣道協会でお伝えしているメソッドは、何かをつけ加えるよりは、余計なものを省いていこうという『引き算的な考え方』を基盤にしています。

そのメソッドは便宜上、「体部門」と「心部門」に分けていまして、それぞれさらに「自分で行う健康法」と「他者への援助」の二つに分けています。

「体部門」の自分で行う健康法が「体の学校」、他者への援助が「整体の学校」。「心部門」の自分で行う健康法が「心の学校」、他者への援助が「心理の学校」という形になっています。

講座はこれらの四部門を柱に、合宿や特別講座なども行なっていまして、ひとつの団体なのにカルチャースクールのようにさまざまな企画があり、ご興味のあるものから楽しんでいただけるようになっています。

そうした集団で学んでいただく講座の他には、マンツーマンで体や心を育むお手伝いをする「整体（指導）」も行なっていまして、これはお受けになる方は、ただ受けながら心地よさを味わっているだけで体が整っていき、どんどんと整体の状態になっていきます。

自分の体（身心）を育てていく（整えていく）という意味では、〝究極のお稽古事〟といってもいいでしょう。

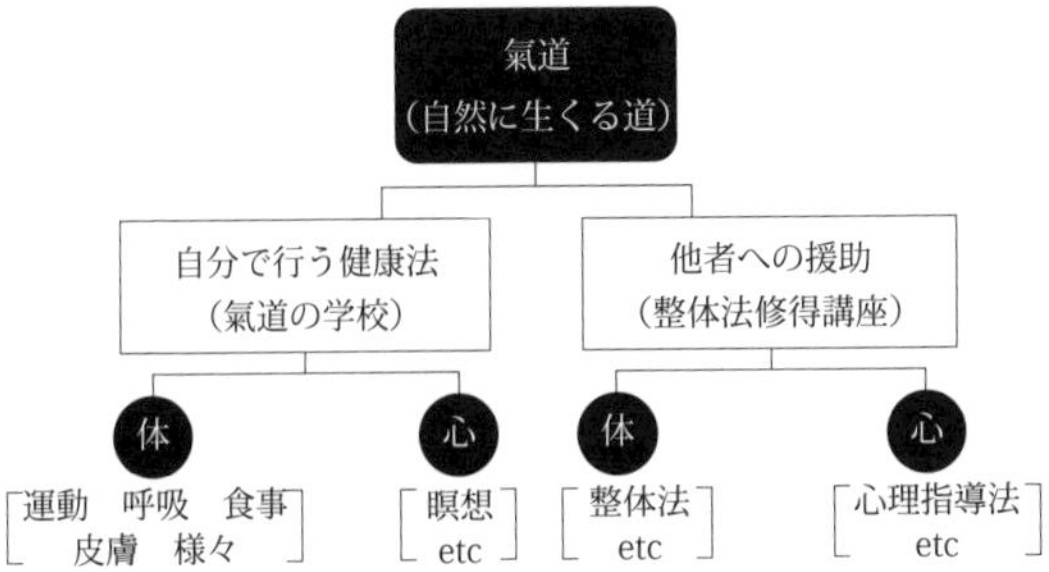

図２　氣道を学ぶ時のしくみ

5 「幸せ感」は、伝播する——氣の感応

そして、タオ、つまり元の氣とのつながりがいい人というのは特徴があります。タオとつながった人、あるいは意識と潜在意識との流通がいい人、つまり色んなフレームから自由になれる人。

言い換えると、整体の人、幸せになりやすい人と言ってもいいと思うのですが——そういう人の特徴というものがあるのです。

まず最初は、その雰囲氣。

私たちは人に会った時に、その雰囲気なり、感じを感じますよね。

少なくとも私はそうなんです。

「あの人はあそこにホクロがあるわ」とか、見た目のことをよく感ずる人もいるでしょう。しかし私はあまり見た目というのは分からない。

だからこの前も、なんですかね、白の世界というフランス料理を食べたんですね。皿の上の料理が雪景色になっているという。しかし目を瞑ったら関係無いですし、食べたら同じじゃないですか。まして胃袋に雪景色が分かるわけはない。

しかし、食事の彩りに敏感な方というのもいらっしゃるのです。だからこそ、そういう料理が創られる。

話を戻すと、私は人に会った時の「感じ」。氣を感ずるというか、何となくの感じ、そこから導かれる印象を先に感じ、それを大切にしています。それは人でなく場の祓いを行う時もそう。ですから、人に会った時に、こんなネックレスをしている、色は青だ、というようなことは、私は後回しというか、そういう感覚はあまりない。ただ、幸せな人にお会いすると幸せな感じが伝わってきます。

つまり、その人の感じ、そして、その感じを形成しているその人が持っている信念形態、フレームというものが、もう一人の人間に干渉しているのです。

人間は干渉しあっている。影響しあっているのです。

これを私たちは「氣の感応」という言葉で言っています。

氣は感応する。

氣、エネルギー、あるいはバイブレーションは、響きあうのです。

幸せな人がいると、幸せな感じがこちらまで伝わってきます。不幸せな人は不幸せな感じが伝わってくる。

ですから、幸せな人というのは、その感じでまず分かる。

二つ目は、触れて感ずる。

つまり、実際に触れてみる。

実は触れているのですけどね、離れていても。

離れていても相手の感じが伝わってくるのですから、ある意味触れているとも言えるのです。

反対に、触れていても氣（持ち）が離れていたら感じられないことがある。だから触れることよりも氣の方が先かな、と思う。

氣（持ち）を向けて、その上で触れていくと、その人の粗いエネルギーも含めて、さまざまなことが伝わってくるのです。

だから、手で触れてみると、幸せな感じ躍動感のような、あるいは穏やかな幸せ感が、余計に伝わってくる。

●コラム：離れている人を整体する

私たちは整体（指導）、つまり手当ての勉強をする時に、そこに気持ちを集めます。

この「気持ちを集めること」を愉氣と呼びます。

愉氣という漢字は、昔は輸《お》る《く》氣と書いていました。それを後年、野口晴哉先生が、愉氣という漢字を用いました。その後、長澤真喜子さんが幸氣という当て字をしましたが、それも見事なものですね。ともかく愉氣とは、気持ちを集めること。

そう、気持ちを集めること。集中すること。いや、集中できなくても、気持ちを集めるだけで愉氣なのです。

気持ちを向けると、氣がそちらに向かい伝わるのです。響きあう、それを氣の感応といいます。

気持ちが何より大切で先。

ですから、どこを押さえるとか、どんな言葉をかけるかよりも、まず愉氣が先で、それが何より重要なのです。

そして、氣、気持ちは空間も、時間も関係がないのです。

ですから、穿った言い方をすれば、反対に、離れた人に愉氣ができない人は、触れて整体することはできないとも言えるのです。

離れている人に、あの人はどうしているかな、と気持ちを向ける。

これを遠隔愉氣と呼んでいますが、そんなこと皆さんも日常の中でよく行なっているでしょう？

氣は時間も空間も関係ないわけですから、離れている人にもその氣は届く。

離れているお兄さんのことを思い浮かべたら電話がかかってきたというような話はよくありますよね。離れていても氣は響きあう。お互いの氣が合っていれば、よく響きあう。感応する。

反対にいえば、気持ちを向けるということができなかったら、触れてもただ物理的に触っているだけになってしまう。響きあいがない。だから整体することはできない。

だから、整体（操法）は、離れている人から勉強していくのです。実際、離れている人にも整体をすることはできる。

ともかく、「あの人どうしているかな」「元気だったらいいな」と気持ちを向けることが最初。気持ちを向ける、つまり愉氣することによって、氣が響きあうのです。

ですから、日常の一瞬一瞬が、整体指導の勉強になっているし、また、それによって相手の方、あるいは氣を向ける凡てのものが元氣に戻っていくのです。

さらに言えば、その前にこちらが元気になっているといい。

つまり、その〝氣〟の質です。

野口晴哉先生は氣は天心の氣を最良とす、という内容の言葉を遺しておりますが、天心とは、空《そら》のような心持ちです。

どんなに曇った天気でも、その向こうには青い空が広がっている。そのような澄み切った心を天心というのですが、つまり、元の氣（元氣）そのものであるタオに戻ったような状態です。

つまり、整体の状態。

先の、体も無い、心も無い状態です。

その時、天心が、元の氣が現れる。それと直接に太くつながる。そうした状態で愉氣する。つまり気持ちを向けるのが最良なのです。

いつも天心であることは難しいかもしれないけれど、ただ、「天心になろう」とすることが大切です。

自分が天心、元の氣になろうとすると、その元々ある幸せの氣の感応、響きあいによって、相手の人も元気になっていく。

今日はお坊さんも多くご出席ですが、仏教では自灯明《じとうみょう》という言葉があります。

自分を自分で灯す、しかも明るく。それが、天心に、元の氣になろう、つまり幸せな氣に戻ろうということなのです。

するとその愉氣を相手に向けた時、響き、感応して相手もそのように変化する。

それどころか、驚くべきことに、気持ちを向ける前に、愉氣をする前には相手が変化しているのです。

6　今、ここにある幸せを感ずる〈水落《みぞおち》〉

三つ目の特徴は、とても具体的です。

観念やフレームがニュートラルな人、ほどけている人、ごく簡単にいえばリラックスしている人。ほどけていくから仏になるんだと言いますね……そういう人には特徴がある。

ここが弛んでいる。水落ですね。

この水落が弛んでいる状態のことを虚であると言うのですが、水落が虚ですと、今どんなに不幸せな状況であっても、その中で幸せを感ずることができるのです。

赦すことができる。クリーニングできる、つまり手放すこと、受け入れ流すことができるのです。

肋骨がこうあります。

その肋骨を真ん中に辿っていくと、ここに飛び出した骨がある。

剣のような状態ですので剣状突起と言うんですけれどね、真ん中にちょっと飛び出している。触ると少し痛いでしょう。この剣状突起から指三本目か四本目が正確な水落の場処であります。

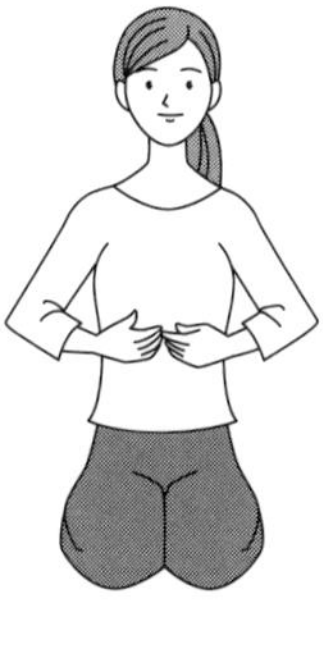

図3　水落

この水落を触れた時に、スーッと引き込まれる感じ、どこまでも抵抗がない感じがあるのが良いのです。それを虚という。

そして完全に観念がニュートラルな人というのは、食べた直後でない限り、水落を押さえた指が背骨に当たるのです。

その人がどれだけほどけているか、リラックスできているか、つまり潜在意識さらにはタオとつながっているかというのを、水落で見極めることができるのです。

◆ワーク4

ちょっとお二人で組んで、相手の方の水落を触れてみて下さい。

座ったままでいいですよ。

ここを触れてね、息を吐いたときに弛むかどうか。

吸った時にも緊張感が皆無かどうか。

ここを触った時に、触った人にまで、フワッと弛むいい感じが伝わってくるかどうか、確かめてください。どうぞ。

※お一人の場合は、ご自身の水落を触れてみてくださいね。

今触れてみて、ほとんどの人の水落が硬かったと思います。

なぜかと言うと、触られると思っただけで、頭が緊張したりするからですね。

少しでも頭が緊張したり感情が働いたりすると硬くなりやすいのです。

あるいは、この場処は胃にも関係がありますので、さっきも言ったように、食べたら硬くなりますしね。

水落の理想的な状態は、どこまでも吸い込まれるような感じがあって、触っているとこちらまで、ほどけていくような瞑想状態になるいい気持ちになります。

そして相手が吐く時に、自然と触れている指がスーッと引き込まれるように、背骨まで――背骨っていうのはけっこう真ん中寄りなので――当たるのです。

かく言う私は背骨まで当たったことというのは数回しかありません。

さっきも言ったように、毎日がBeトレ、つまり在り方のトレーニングですから。

ちなみにBeトレという言葉は、心屋仁之助さんがBeトレと仰っておりまして、あぁいい言葉だなぁと思って使わせていただいております。

毎日、DoではなくてBe、つまりまずは自分の在り方だな、心持ちだな、体だな、器づくりだな、と思って、心の面から、自分の「潜在意識教育」を私自身行っております。

私は、「幸せになるための体づくり」「幸せになるための器づくり」という、自分ではいいキャッチコピーかな、と思う言葉を考えて、いろいろな出版社に売り込んだんですけれども――売り込んだというか、取材の時にこういう題名はどうですかって言ったのですけれど――、今のところ全部却下されておりまして、しかしまだ他に誰も使っていないから、自分のオリジナルコピーとして使っているんですけれども、その「器づくり」を、日々時々、いつも練習しています。

私は力技ではなく、できるだけ無理ない範囲で。


たとえば、まず朝起きた時には、もう手っ取り早く水落を押えてしまう。

これは何より大切な呼吸法です。

鼻から息を吸って、水落を押さえながら口からハーッと吐く。

私もさっき、これから出番だなと思って少し緊張したので、控え室で「ハーッ」とやっていました（笑）。

これは元々、古神道から伝わる息吹長世《いぶきながよ》、息長《おきなが》の法と言われている禊《みそぎ》の呼吸法なのです。

十種神宝《とくさのかんだから》という古神道の修行法を身曾岐《みそぎ》神社でさせていただいた時に、このように行うと教わりました。

ソロソロとゆっくり吐く。そして鼻からゆっくり吸う。一呼吸だけで何分か。

ただ、これだとすごく時間がかかってしまう。

身曾岐神社ではこれを三〇分やって、そのあと大声《たいせい》祓いというのを行うのですが、野口晴哉先生の先生である松本道別先生は、フーではなくて最初はもう少し大きく吐けと仰っていた。

それを野口晴哉先生はさらに改良させていきました。

すると、早く弛む。

この時に、あくびを誘導するような気持ちで吐くのがポイント。原点の息吹長世も素晴らしいのですよ。ただ、これを先に行った方が早いというだけ。

ともかくこの呼吸法は、古神道から伝わる神と人間がひとつになる最重要の呼吸法だといわれております。

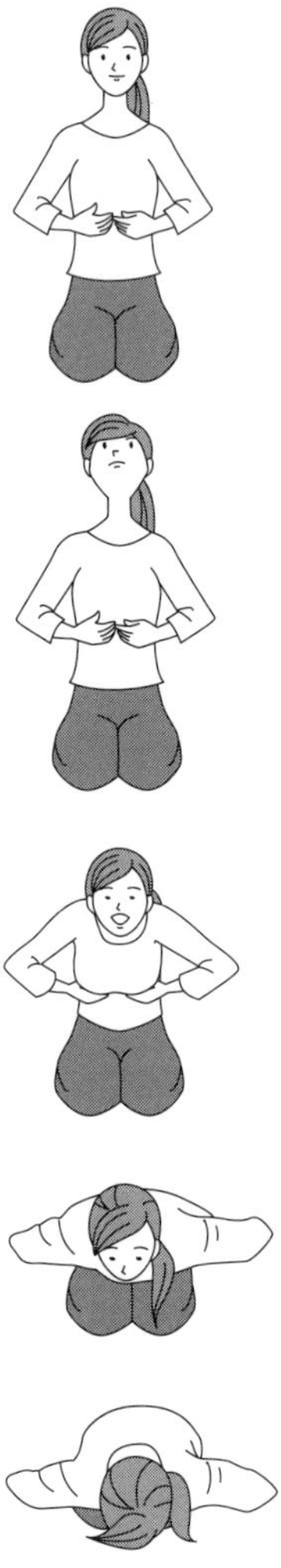
図4　邪気呼出法

この呼吸法を一日中気がついた時には行っていたという人がいます。

私はその方に直接お会いできていないのですが、とにかく素晴らしい人相になってしまった、ということです。

他の健康法などは何もしないのに、気がつくと「ハーッ」とやっていた。それだけでいろいろなものがほどけて、仏のような人相になったのでしょうね。

呼吸法はたくさんありますけれど、まずこの呼吸法を覚えていただきたいと思います。

ちょっと一緒に行っていきましょうか。

◆ワーク5

水落にこう指を当てます。

この水落という処に、色んな信念、観念、つまり思考が固まったものが反映されている。溜まっている。

そういうものをまとめて邪気と言っていますけれど、そういうものがここに溜まりやすいというわけ。

それを吐き出す。

だからこの呼吸法は、「邪気呼出法《じゃきこしゅつほう》」と言います。

鼻から吸って、軽く背中を反らせます。そこから水落を押さえて気持ちよく吐きます。

口を大きく開けて、肺の中の空気を全部吐き尽くしましたら、ポッと力を抜く。

そして鼻から吸いながら上体を戻す。

もう一回行ってみましょう。

首や肩、腕の力も抜いていきます。

そう。ポッと抜いて。そして鼻から吸って起こします。

さぁ、あとは各自のペースで工夫して何回かやってみて下さい。割といいですよ。

水落が弛みやすい体の角度、呼吸の使い方、息の長さ、いろいろと工夫してみてください。

先に、ここの場処には、観念やフレームなど、潜在意識に溜まっているものがすべて反映されている、と申し上げましたが、実際に吐いていく時には、自分の欠点を吐き出すつもりになったり、自分の観念を吐き出すつもりになったりする必要は全くありません。むしろ、そういうことも考えないほうが良い。

ただ吐く。あくびを誘導するような感じですね。

そしてあくびが出て来たら、初めて潜在意識に溜まっていた観念のようなものがほどけてきたよ、ということなのです。サインです。つまり邪気の親分が出始めたよということです。

ですから、あくびが出たほうがいい。

邪気というと邪しまな気と書きますから、悪い気なのだと思われるかもしれませんが、良い悪いではないのです。

どんなに良い考えでも、凝り固まってしまったら役に立たないことがありますね。

流れている水はきれいでも、停滞すると淀んでしまう。

だから私は邪気というのは「停滞した氣」と捉えております。その停滞が解けてきたサインがあくびだということです。

「私はあくびを絶対にしません。したことがないんです」なんていう方も、これを毎日行っていると、そのうちあくびが出るようになります。

どんなに長い人でも——今までの最高新記録で半年って人がいましたけれど——出るようになります。

さぁ、あくびが出た方も、あと何回か足して行なって下さい。

この呼吸法のコツは、吐く時に、さっき首、肩、腕の力を抜くと言いましたけれど、もっと言うと、眉間を弛めること。

眉間、眼球を弛めて、それが首、肩、腕に伝わって、ちょっとだらしなくハーッと吐いていく要領です。


ここまでお話しした、そして実習したことというのは、まずは自分で自分の心の舵取りをして、ちょっとでもいい気分になる。

そして今は、体のほうからのアプローチをして、幸せ、元気に戻るためのポイントの一つである水落を弛めていくことを行っているわけです。

さて、野口先生はよく水落を押さえながら、相手にこういうことを聞いたそうです。

「おいくつですか?」と（笑）——途端に水落が硬くなる。女の人は。女である時期は（笑）。

「三十八ですけど」などと言ってもまだ水落が硬いままだったら、それは嘘だと。

嘘発見器より確実です。発汗の変化よりも、まず水落に出るのです。

つまり、私たちが、どれだけタオとつながったニュートラルな存在になっているかというのは、体で言うならばこの水落に反映されているのです。

そして、それを、この呼吸法によって、直接的に体からアプローチすることができる。

体は、潜在意識の現れなのです。

●コラム：体は死期を知っている

剣状突起から指三～四本目のところが水落と言いましたけれど、二本目のところは腹部禁点のひとつです。

「禁点」というのは基本的に有段者以上でないと触れてはいけないと言われているデリケートな場処です。腹部にある「腹部禁点」と呼ばれている処はいくつかありますけれど、その中でも代表的なポイントがこの剣状突起から指二本目の処です。

ここの奥に、ちょっと今までなかったようなガラスのかけらのようなもの、あるいはちょっとヌメッとしたようなもの、あるいはその前は底なし沼みたいな感じが多いのですが、そういうのを腹部禁点の「硬結《こうけつ》」と私たちは言っているんですね。そして、その硬結が出来ると四日目に死にます。

ですから氣道の写真集（長谷川淨潤著、仲程長治写真『氣道―長谷川淨潤の世界』と・刊）の中にはそのエピソードも紹介しました。

実際にあった私の母のエピソードです。母は整体操法、つまり整体指導のうち、体からのアプローチですね（もう一つは、先にも言いましたが、言葉かけによる心理指導（潜在意識教育））。それを息子の私に教わって勉強していました。

人が生きるか死ぬかという見分けはここでするんだよ、お母さん。

十時間前だったらここなんだけれども、四日前だったらここ。一カ月前だったらこの奥なんだよ、というような話を伝えていますから、(注1)自分のお母さん、母のお母さんですからおばあちゃんですね、おばあちゃんが危篤だって言われて行ったんだけれど、母はそこをパッと触る。

そこを触って、何も無い。「おばあちゃんは死なないよ」。

——そういうようなことが毎月のように繰り返していたのです。

そうすると親戚一同、正子さん——私の母の名前です——正子さんが調べると、お医者さんが危篤と言っていたのに、あと何日と言っていたのに助かる。絶対死ぬと言われていても助かる。つまりお医者さんより当たる、ということで、親戚から、絶大な信頼を得ておりました。

（注1）亡くなる四日前に硬結が出る腹部禁点について、あるいはその他の死期の見極めについて、詳しくは動画「たった2時間で、明日からの人生が輝いてしまう講座―思い残すことのない人生を送りたい全ての方へ」の中で公開しています。動画については氣道協会のホームページをご参照下さい。

ある時、母から電話がありました（そのエピソードを写真集に書いたわけです）。

「潤」――私の本名は潤っていうんですね。得度して浄という字をいただいたというか、「一文字、好きな文字を使ってよい」と特別に言われたので、「それならば親から戴いた本名の潤という字を残してください」と言って浄潤となったのです。ともあれ、その電話で母からこう言われました。「潤、おばあちゃんの禁点に硬結ができた……」。

あぁそう……。今まで看病大変だったねぇ、とか言って電話は切ったわけですけれども。

母が電話で言っていた通り、おばあちゃんは亡くなりました。

ところが亡くなったのは三日目でした。そうしたらもう、親戚から非難轟々だったそうです。

なぜかというと、「おばあちゃんは四日目に亡くなります」と母は伝えていたわけです。

「おお、正子さんの言うことは絶対に当たるから、四日目に葬式の準備を、こういうようにやっておこう」と、もう段取りを組んじゃって、まだ生きているのにね。

それが三日目に亡くなったものだから、「一日ずれているじゃないか！」って、うちの母はえらく怒られたのだそうです。

なんかこう、視点が違うんじゃないかと思うのですがね。

しばらくして、母が整体操法を受けに道場に来てくれました。

その時、私は母にこう訊きました。

「お母さん、おばあちゃんの硬結に愉氣しなかったかい？」と。

母はその場で泣き崩れました。

しばらくした後に母はこう言いました。

「だって、あの塊さえ無ければ……おばあちゃんは、まだ生きられるんだから」と。

きっと必死で愉氣したのでしょう。

私は知っていましたから。自分では行ったことはありませんが、仲間とか先生方の体験で知っていました。

それに愉氣をしたら、逝くのが一日早まる。場合によっては一日半早まる、ということを。

愉氣してはいけない、つまり気持ちを向け過ぎてはいけない、という処がもしもあるならば、それは禁点の硬結なのかもしれません。

まぁ、余談です。

ともかく、人間の体というのはなかなか不思議なものです。

単に潜在意識と直結している、というだけではない。その更に奥の深層意識というか、そうした運命までもが現れている。

そして、（腹部禁点の硬結を除けば）調整することもできる。

7　幸せを創る〈丹田《たんでん》〉

ところが、水落が弛んでいるだけでは、私たちは生命を持てなかった。

水落が完全に弛みきっている時、つまりタオとひとつになっている時というのは、ちょうど、良い温泉で体が溶けちゃったような感じと似たところがあって、個としての「自分の体」そして「自分の心」が無い感じがします。

体や心がニュートラルになってだんだんタオに近づいたというよりは、体や心が無くなったことによってタオが顕れる。

無というか空というか、それでいて全て。

この時は、いわゆる幸せ感覚、相対的な幸せの感覚は全くない。というか、ぶれない幸せだけがある。というより、ぶれない幸せとして自分が在る。

ただ繰り返しになりますが、食べて「おいしい」とか、音楽を聴いて感動する、というような、相対世界の個としての幸せは全く無い。無重力の世界に行ったようなものだから。というか、無重力空間そのものになっているわけだから。

宇宙飛行士は、地球に戻ってくるとおかしなことを言ったり、宗教を作ったりするでしょ？

重力のある世界だと思考が働く。

そして、思考が働くと時間の感覚が生ずる。空間の把握ができる。

そうして感情が生まれる。

反対に、重力のない世界では、そうしたものが何も無いわけです。

先ほどお話しした『14歳からの哲学』の池田晶子さんは、「ライルという人がこういうふうに心を定義しているけれど、私が定義するならばこれだ。すなわち、心とは言葉だ」というような内容を書いていらしたけれど、それが本当かどうかは別として、私たちは重力の世界だと思考を持てる。というか思考が生ずる。そして、それにより時間の感覚が生まれ、空間の把握ができ、身体感覚も生ずることによって感情が持てるのです。

――それを味わいたいから生まれてきたんじゃないだろうか。この猥雑な世界、粗い世界を味わいたいからじゃないだろうか――と、私は思うのです。

昔、そういう思考停止の状態を味わった、つまり悟ったという人に聞いてみました。「その思考が止まった時の状態っていうのは、どういう状態でしたか？」

まぁ愚問ですよ。そういうことは禅でいう〝不立文字〟ですからね。

道教でいうなら、「道《タオ》を言葉で語ってはいけない」ですよね。

その答えを聞いたあと、私は質問を続けました。

「で、どうして戻ってきたんですか？」と。

そうしたら、彼女いわく、「つまんなくなっちゃったから。またこういう世界を楽しみたくて戻ってきたのよ」ですって。

一瞬、「カッコつけやがって……」と思ったのですけれど、後年、でもそうなのかもしれないな、と思いました。

「こうなりたい」とか、目的というか夢というか、そういうものを味わいたくて、わざわざこの粗い世界に生まれてきたのかもしれない。

ちなみに生命というのは、シンメトリックなところからは生まれないのだそうです。

ある種の歪み、個性、夢、要求というか、そういう歪みや個性ができた時に生命が生まれる、生が生まれると言われています。科学者によるとね。

そして、私たちの観察では死ぬと背骨も綺麗にまっすぐになる。

不思議なことですね。

だから体を整えるということは、背骨をまっすぐにすることではない。

反対に言えば、「あなたの背骨を一回の施術でこれだけまっすぐにしましたよ」というのは、「これだけ殺しましたよ」というのと同じ言葉になるでしょう。

でも一方で、体や心を自然の流れにそって調律して「整体」に近づいていくと、余分な歪みは取れてしまい、結果的にまっすぐに近づいていく。

不思議なことですが、私はいつもそれを観察するに、自然に生き生きと生きる、つまり命の働きを全うさせていくということは、同時に死を全うすることでもあるのだなぁ、と感じ入ります。

まさに〝生死一如〟ですね。それを具体的な現れとして指で観ることができる。

そして、そういう意味では、ここでいう命、つまりタオは死でもあるわけです。

言っている意味、分かりますよね？

ともあれ、命、タオの働きは、生を生み、そして、その生の中で、常に働いているのです。

実際のところ、個を持ち、この相対世界という粗い世界に生きながらも、それとは関係なく命、タオと一つである状態もあるのです。

そして、それこそが理想の〝整体〟の状態であり、それを目指す道が「氣道」なのです（別の言葉で言うなら全生道《ぜんせいどう》でしょう）。

――まぁともかく、水落がある程度弛んでいる「だけ」ですと、生活もフニャフニャになることもあるのです。

ただ身が弛んでいるだけですと、こういうのをやりたいなとか、あそこのカフェに行きたいなとか、そういう要求も無くなってしまう。体力も気力も無い。
そして実は、そういうフニャフニャだけの状態ではタオとひとつにもなりにくいのです。
かえって水落が完全に弛みきらないのです。命の働きが十全に発露できないのです。

さて、幸せな人というのは、まず最初に雰囲気が違うということを言いました。そして、そういう人は自分で自分の心の舵取りをしているのかもしれない。

その氣というのは、ホワーッと穏やかなこともあれば生き生きの時もあるけれども、体にも特徴があります。

それは、さっきから言っている丹田という、臍の下三本くらいのところが引き締まっている、充実しているということです。これを実《ジツ》といいます。

図5　丹田

そして、命、タオの働きは、個体としてはここに現れる。

ですから、丹田が充実する働きがあるが故に私たちは生まれたわけですが、その働きがつつがなく行われないと、水落が固くなってしまうわけです。

つつがなく、命の働き、つまり氣が、十全と巡っているならば、水落は限りなく弛んでいる。

丹田の実と水落の虚を生じさせる力、働きは、じつは同じ源から生まれているのです。


水落は限りなく弛んでいる、虚であるのがいい。

丹田は、引き締まっているといってもパンパンに硬いのではなくて、押さえるとはねかえってくるような充実した弾力があるのがいいのです。これを実といいます。

古来からいうでしょう。上虚下実《じょうきょかじつ》と。上は弛んでいるといい、下は実だといい、ということですが、それは、この水落と丹田のことを指しているのです。

◆ワーク6
さあ、隣の人の臍の下、指三本目くらいのところを触れて確認してみましょう。どうぞ。


丹田はそんなにしょっちゅう弛む場処ではありません。

水落はちょっとしたことで硬くなります。

どっちのほうが大切なのか、ということは簡単には言えません。これにはタオ、命から生まれる際の歪み、つまり個性が関係しているからです。

野口先生はこれを体癖《たいへき》と呼称しました。

その体癖によって、まずは水落から弛めたほうが良い、etc. の、「整体」の状態に導くための自然な順番があるということなのです。

ここでは個別な整体指導アプローチを行う講座ではありませんので割愛させていただきますが、ともかくどちらも大切なのだということ。そして水落は思考と共にすぐに変化するが、丹田はあまり変化してはいけない、ということ。

丹田が弛んでいる、虚であるというのは、体力が乏しい状態です。

つまり、命の働き、タオの働きが個体に現れていない。

さて、私たちは、自分の、あるいは相手の水落が弛んでいるかどうかを通して、どれだけその人が自分の信念体系、観念体系、あるいはフレームから自由なのかなということを観ていきます。

体がどれだけほどけているのかな、心がどれだけ弛んでいるのかな、ということを観ていくわけです。

どれだけクリーニングできるのかな、どれだけ手放すことができるのかな、どれだけ受容できるのかな、ということが観れるわけです。

それが水落という場処なのです。

そして丹田という場処。

ここを通して、その人の体力や、命、タオの働き、そして夢の実現力などを観れます。

簡単に言えば、どれだけ生き生きと楽しく生きられるのかな、ということが観れるわけです。

丹田が実だったら、幸せを創ることもできる。

つまり、水落がクリーニング能力の場処だとしたら、丹田はクリエイト能力の場処。


この水落と臍の間に、腹部の第二という場処があります。腹部の第二調律点。

ちなみに、整体の世界では、調整点とかツボとは言わないで、調律点と言います。

第二節のコラムでお話ししたように、相手の方を整体にするための指導をすることを「整体指導」と呼んでいます。

そして、その「整体指導」は、体からは〝整体操法〟を通して、心からは言葉を用いた〝心理指導〟（潜在意識教育）を通して行うのです。

そして、その整体指導というものは、言葉を替えれば、身心の調律といっていい。楽器を調律するように、体や心を調律するわけです。

先にも申し上げたように、単純に背骨をまっすぐにするとかいうことではない。

その人の個性――命、タオの現れである個性――に合わせた調律をしていくわけです。

そして、そのために用いる場処なので「調律点」と呼んでいるのです。

この腹部第二がニュートラルな状態であることを、「冲《ちゅう》」と言います。

そして、腹部の第一・第二・第三が虚、冲、実だと、その人の体は整っている、整体である、といえるのです。

今日ご紹介したものでは、今の腹部第二は忘れて、先の「上虚下実」だけを覚えておけばいいでしょう。

つまり、水落が虚であり丹田が実であれば、少し乱暴な表現ではありますが、その人の体は整っている、つまりその人の体は幸せな体だ、幸せな器だといえる、ということです。

丹田が実だったら、幸せを創ることもできる。

水落が虚だったら、今どんなに不幸せなような状態であっても、その中で幸せを感ずることができる、ということです。

手放すこともできる。そして創ることもできる。

そういう、クリーニングとクリエイトというような、陰と陽の関係に、水落と丹田はなっているというわけです。

8　幸せの器づくりのための援助の実際——つまり「整体指導」

では、実際にどんな感じで整体操法、つまり手当てを行なっていくのか、ご紹介しましょう。

相手の方にうつぶせになっていただいて、手を当てていきます。

といっても、相手の方が近づいてくる時に、もうラポール、ジョイニング、氣の感応が取れていないといけない。

触れたところから始まるんじゃない。相手の方を呼ぼうと思って気持ちを向ける、愉氣、その時からもう始まっているのです。

最初に気持ちを向けていて、その上ではじめて物理的に手を当てるわけです。

触れる処は背中のどこでもいい、手がいくところ。

なんとなくここが気になる、手がいくなぁ、というところ。そこに気持ちを集める。——手を通しての愉氣。手を通しての。

手とか目というのは、一番愉氣しやすいのです。つまり気持ちを集めやすいのですよ。手と目は、脳と一番関係が深いからでしょう。

さて、その上でポカンとする。あるいは、手が当たっているところの感じを味わう。相手の感じを味わっていきます。

こういうことをだいたい最初に行っております。

これを、時間は関係なく、五分でも十分でも、いい感じになるまで行っていく。

最初は硬かった、最初は熱かったのにいい感じになった、というふうになるまで行っていくと、もし最初に水落や丹田を調べておいたとしたら、もうそれは歴然と変わっているのです。

整体操法では、背骨の観察は欠かせません。

一個一個の背骨を、両手の中指で挟むように観察していきます。——というのは、私達がポカンとして溶けちゃったというか無くなっちゃったような状態——つまりタオ、命そのものになった状態——から肉体に戻ってくる時、最初に感ずるのは背骨で、私の感覚ではクラゲのような半透明な鞘みたいなもののように感ずるのですよ。

後年、発生学的にも、私たちは精子と卵子が結合して、お母さんのお腹の中で背骨から作られてくる、生まれてくるということを知りました。

自分の感覚と発生学とが符合していた驚きというか、「やはり、なるほどな」という得心がありました。

ですから背骨が大事だと、私たちがいうのは、そこから全身に神経がいっているからということもありますが、背骨の歪みが不健康を来たすからとか、人間は立っているから背骨を柱として使っているから歪みやすいからという理由ではないのです。

体というものが生じた一番原初的なところが、脳の延髄から尾骨までの、背骨の流れだからなのです。

タオから物理的な身体への橋渡しになっているような部分だからなのです。

ですから背骨を観察して、その人の体の構造、システムがどういう流れになっているのかなというのを調べていく。

そしてそれは、まずは熱いとか冷たいとかの〝感覚〟〝感触〟を調べていくのです。

手がそこにいきたくなるという感覚や、指が止まるところを大切にしていくのです。

命の働きは生体においては、感覚によってしか知れないのです。

物理的な構造とか転移、歪みを知ることも大切なのですが、それは、そのあとのこと。

たとえばさっきお話した腹部禁点の硬結というのは解剖してあるかというと、それは無いのです。

丹田も解剖してあるかというと、そこには腸しかない。

つまり、私たちが体と思っているものというのは、物理的なものだけではない。

むしろ、感覚的なものなのです。自分の体というのは。

死んだって体はある。感じられるかどうかというのが、生きている体。

私たちは「感覚的身体」と言っていますけれど、私が「体」と言う時には、物理的身体だけじゃなくて、感じられる体を指しています。そしてこれが何より大事なのです。

禁点の硬結もそうだし、丹田もそうだし、水落って何なんだって言っても、解剖したって無い。でも、触ると弛んでいるとか、そこに意識を向ければ気持ちがいいなぁ、という感じがある。

感覚的身体、つまり〝生きている体〟を捉えるには、感じるほかないのですね。

それは、相手の方の背骨や体を観察する時も同じことです。

どういう感じがするかな？という「感覚」の方をより大切にしなくてはならない。

そして感じようとすることで、氣（持ち）が向きますから、観察をしているだけでも、自然に愉氣になっているのです。

ですから、上手な人の観察を受けるだけでも、ていねいな観察を受けるだけでも、体は整ってしまうのです。

そういうように体は出来ている。

純粋な気持ち、つまり愉氣を向けられると、体は元々の氣に戻っていく。整っていく。整体に『戻る』のです。

もうひとつ、手当てをしていく時の大切なポイントがあります。

それは、「この人イライラしているな」「優しそうな顔をしているのに全然頑固じゃん」……など、そんなふうには観ないということ。

ただポカンとして幸せな気持ちで触れていく。

だって、素晴らしいのですから。

それは、どうとでも捉えることはできますよ。だけど、健気に一生懸命悩みを持っている、一生懸命痛みを作っているとしか、私には思えないのです。

そしてそれを経過させると、「もとの体に戻った」という感じになりますよね。「あぁ風邪が経過して元の体に戻った」というように。

――で、元に戻ったけれどもすごく新鮮で、外の世界の見え方も今までとちょっと違うな、と感じることだってあるでしょう?

元に戻り、また新しい体に変わっていく、ということを、私たちは風邪を通して行っている、病気を通して行っている、悩みを通して行っている、それが一生の間ずっと繰り返されている。

というか、生きている、ということ自体が病気なのではないか。タオという元に戻るための。

その生きてから死ぬまでの人生という病気の期間を、どうやって私たちは経過させていこうか。

悩む時もある。痛む時もある。でもその時にそれを味わい愛でられているかどうか、それが大事だと思うのです。

――人生に対する、愉氣です。

だとしたら、相手に手当てをする時も、相手の今の感じを味わい愛でて触れていきたいですよね。

ただ味わい愛でる、ただ感ずるということが愉氣であり、そしてそれは援助にとって最も大切な基盤なのです。

まぁともかくこうやって背中に手を当てて愉氣をしていくと、背骨も変わってきます。それによって、腹部も変わってくる。

なぜなら、背中、つまり背骨とか骨盤などの体の構造が変われば、血液もリンパの流れも良くなり、自ずと氣の巡りのよい体、風通しのよい体になるからです。

そうなれば当然、腹部の状態も変わるわけで、整体に近づいていく。

先に、整体であるかどうかは腹部で観て分かると申し上げましたが、体の中の働き、意識だけでなく潜在意識の状態が、お腹には如実に反映されているのです。

その腹部の状態を順な状態、つまり虚冲実（上虚下実）という整体の状態に戻すために、私たち整体指導者は背骨、背中に愉氣をするわけです。

水落や丹田に直接愉氣をするということはそんなに用いないのです。背中から変えていった方が早いことが多いということです。

専門的な表現でいえば、体を変えるためには、まず体の構造つまり運動系からアプローチするほうが早いことが多いということです。

そしてまた、そうでないと、動きが同じですから、その後の生活で戻ってしまいやすい面がある。

ともかく運動系を司っている背骨が整うことで、結果として自律系である腹部も早く整ってゆく。

ですから、整体指導をする時には、さっき直接水落に触れて「ハーッ」と吐いたような行い方ではなくて、背中に愉氣をすることを通して、そして結果的に、整体、整った体の状態に導いていくという流れが基本になるわけです。

また、必要であれば、頭や足、腕を調整することもあります。しかし、ごく簡単にいえば、背中そして腹部なのです。

そうして最後は臍に愉氣をして終えていきます。

このような手順で「整体」に戻していくことが、何よりの「幸せな器づくり」なのです。

●コラム：背骨のひとつひとつに「意味」がある！

皆さんは普段あまり背骨というものを意識されていないと思いますが、背骨というのは先に申し上げたように、人間という生物、というか背骨のある哺乳類にとって、最も重要な体の部分といってもいい。

タオ、「命」から、「生」をまとう時にまず最初に生ずる肉体の部分であると申し上げましたが、その背骨のひとつひとつには、意味というかさまざまな個性があります。

「この背骨がこうなっていると、こういう状態である」ということは、多くの先人たちによって確かめられております。

それを集大成して、さらに深めていったのが、野口晴哉という人でしょう。

今日は皆さんに、背骨の個性、意味を少しご紹介させていただき、それによって、体の不思議さ、面白さを感じていただけたらと思います。

とはいっても時間の都合上、胸椎だけ、そしてまた、特に心、心理面との関係についてご紹介しましょう。

それによって体と心の連動のご理解の一助になったら幸いです。

まずは胸椎の一番ですが、ここが過敏になっていると、驚いているのです。

反対に、その人がどんなに驚いて「うわー！」とか言っていてもね、たとえば女の人に蛇を見せて――野口先生はよくやったそうです。リウマチで歩けない人に蛇をこうやって出す、そうすると「うわー！」と言う――でも、ここ（胸椎一番）が過敏になっていなければ、驚いていないのです。

ちなみに、あるリウマチの女の人と話をしている時には、蛇を出しても驚かなかったのですが、野口先生は煙草を吸いますから、煙草の灰がその人の着物にポッと落ちたのだそうです。そうしたら「ヒャッ」と言って動いた。

それでリウマチが改善に向かったそうですが、「どうも女という生き物は蛇より煙草の灰の方が嫌いらしい」と野口先生は言っておりました。蛇に噛まれるよりも、着物が焦げる方が困るらしい。

ともかく、そういう時は一番が過敏になっている。

これが二番だと、心の中に、心の乾きというような現象が起こっている。体も実際に乾きやすくなっている。

これがひどくなると、いわゆるトラウマというか、潜在意識に完全に蓋をしてしまっているような状態になる。これらは一番の説明と異なり、硬化した時の状況です。過敏であれば、何かに怯えている。

そして、胸椎の一番二番が共に硬い状態だと、ちょっと頭が頑固。

どちらも過敏であれば、かなり頭が忙しい。ただ現代人はパソコンなどの指の疲労でもって、身体のほうから、そうした心理状況になってしまっていることのほうが多い。

胸椎三番は感情の抑制に働く。

感情を抑制する感情と言ってもいいでしょう。そういう感情もあるのです。

胸椎四番もそうなのだけれども、四番というのはもっと感情を働かせる場処でもある。

それも彩りのある感情に関係がある。

ある高校生が整体を受けに来た時に、「先生、質問があるんです」「何ですか」「私、恋してますか」

「恋しているかどうかなんて、自分で分かるでしょう」「分からないんです。好きだと思うのだけど、これは恋なのでしょうか？」

うぶだなぁと思った。初恋なんでしょうね。

それで、四番を調べた。四番が左上右下に捻れてポッポしていて温かい。

四番は心臓にも関係があるので、「その人のそばにいくと、なんか胸が高鳴ったりドキドキするんじゃないの？」と聞きました。

「します」

「今あなたが感じている感情が、恋愛という感情なんだよ」と言いました。

ちなみに恋愛というのは最初は首の四番にきます。首の四番にくると、頬がポッポッとする。相手がそばにくると赤くなる。頬は頚椎四番の管轄ですからね。それが恋愛の初期段階。

次に、今の例の胸椎の四番にくると胸が高鳴る。

最終的には腰椎の四番です。ここは皮膚感覚。ハグされたい、したい、とか。いえ、そうした単なる皮膚感覚だけでなく腰椎四番は骨盤つまり生殖器系統の感受性に直結していますので、皮膚感覚のハグだけでなく、そこには種族保存要求、妊娠要求が潜んでいる。

特に、仙椎の四番、二番まで過敏になれば、それは一体感というタオにも繋がる、先で言えば死の要求にも連なっている。タナトスの現れとしてのエロスというか。

まぁ恋愛の話ばかりしても仕方ありませんが、心と体は、そのように不即不離どころか、一つとして働いているのです。

時間の関係上、ここまでにしますが、残りの胸椎が八つありますので、まだ20以上の背骨があります。

そして一つ一つの背骨というのは、それぞれ個性がある。それぞれの役割分担があるのです。「背骨と心理」、つまり「体と心」の連動性については、ここまででも垣間見れたのではないでしょうか。

こういうこと、体を観察し始めてから四十八年も経っておりますので、いくらでも言えてしまいます。

一つ一つの背骨に愛着がありますし、また人間というのは、その一つ一つの背骨、個性の世界からも、まるで宇宙というか限りない広がりがあるんですよ。背骨が宇宙とも連なっているところがあって、まるで万華鏡を見ているような感じで、しかも別の万華鏡を覗いた時に「あ、この景色のこの部分は、三つ前の万華鏡の右下と似ている」みたいな。

——そう考えると、それぞれの宇宙が、他の宇宙とも関係があるわけで、ここでは、時間軸についてては言及しませんが、そうした空間軸のそれぞれの宇宙の中にも、システムというか関連性、相互作用というものが存在しているかのようです。
まさに、ミクロコスモスはマクロコスモスと〝相似象〟であることを日々実感しております。そしてまた、だからこそ、東豊先生よろしく私が行っているのは「ボディ・システムズアプローチ」とも言えるのでしょう。

さて、実際の指導の現場では、先に述べたような観方を前提にはしないのです。現場では、天心につとめ、そして知識ではなくどこで指が止まるのかなという感覚面を最重視しています。

体の構造だけを観て、この人は今不倫しているな、と――不倫が悪いわけじゃないですよ。四番九番十一番とくるんですけれどね――いうような知識を活用して覗き見するようなことはしない。

というか、出来ないのです。なぜなら生きている体を診る時というのは、こちらも知識でない感覚モード、愉氣モードでないとできないので。反対に言えば、そういうような氣、つまり思考、感情で相手を観てしまうと、相手の体や心がそのように変化してしまうので。

氣は感応しますから。

先に、愉氣は幸せな氣とも書くと申し上げましたが、だったらこちらが捉われのない心、天心で愉氣をするといいと思うのです。

9 体から、そして心から、「幸せ」を創る具体的な方法

さて、先ほど、眉間を弛めるようにすると水落が弛みやすいよと言いました。水落ではなく、丹田でいうならば、肛門を締める。

年をとってくると、骨盤の弾力などが無くなってきます。すると、丹田の力も失いやすいのです。ひどいと、お漏らししたりとかね。便意を我慢をすることもなかなか難しくなってくる。

肛門を締めるといいのです。

つまり、〝幸せになる体づくり〟としては、上虚下実の状態、整体の状態を目指しているわけですが――そして、タオ、命の働きは、そのようにしよう、しようとしているわけですが――上虚下実の状態を別の表現で言えば、〝眉間が開き肛門が締まっている〟ということになるわけです。

ムシャクシャしたり、悩んでいれば、眉間に皺が寄ります。そういう時の水落は、必ず固い。

肚《はら》、つまり丹田が充実している時は、お尻の穴は自ずと閉まっている。

ですから、整体の状態――幸せを感じ、しかも創りやすいという上虚下実の状態――を別の言い回しで端

的に表しているのです。

そしてまた、それを行うと上虚下実の状態になっていく。

これはとっておきのことです。

今日はとっておきの講座ですから、普段あまり言わないことをもう一つ言いましょう。


背骨をこう伸ばしますね。そして、座っている姿勢を保つ以外の力は全部抜きます。

すると水落が弛みます。

そこでね、今はまだ腰のあたりがちょっとこう反っている感じでしょう。それをね、反対に骨盤を丸める。

へっぴり腰にしていく。あるところからは背骨が丸まっちゃうから、そこまではいかないようにして……。

腰が少し反っているところから、骨盤をちょっと、こう丸めるわけです。背骨が横から見てまっすぐという感じにしていく。反りがなくなったところまで。分かりますね？

反らせておいて、そこから骨盤を丸めていくわけですが、その時に肛門が自然と締まっていくような感じになりますね？　そうなるように工夫してみてください。

すると内圧が下腹にくるでしょう。内側の圧力が。

わかりますね？

——さぁ、それでいながら、水落も弛められますよね？……というか、そのほうが弛むでしょう？

これが上虚下実の座り方。

これは奥儀です。

実は、この座り方というのは、私が、さまざまな武道家の立ち居振る舞いを観て、考案したものです。

今までは、そうではない座り方、型といいますか、そういう整体世界の伝統があったのですが、武道や武術の達人の所作を観るに、少し疑問を覚えたのです。

そこで、伝統的な「型」をも改めてチェックしたいと思い――「型」は先人たちの遺産ですが、その確認にもなると思い――その頃研究していた0《ゼロ》リングテスト（身体対話法）を中心として、一つ一つ「型」を確認する作業を行ったのです。

これには、0《ゼロ》リングテストの達人である隅田歌奈子女史のご労力が大きかったです。彼女はどんな土地や場所でも、FAX図面だけで「ここに炭を何キロ埋めるといい、ここにはこれを」など判定できました。

その彼女のおかげで、「イヤシロチプロジェクト」といって、整体ならぬ整地をしようということを氣道でも行い始めたのですね。――そう、土地、場所にも人と同様に、ここの場所に溜まりやすい、ここは流れがいい、とかいうのがあるのです。相似象です。システムです。

そんなように、0《ゼロ》リングの達人ともいえる彼女とともにさまざまなことを行なっていったのですが、その一つが整体指導、その中でのアプローチのひとつである整体操法の型の確認だったのです。

先人の遺産にイチャモンをつけるわけではないのですが、「型」にも大きく分けると二説あった、というのが、最も大きな理由です。

長く理由を述べましたが、結論はこれです。この座り方なのです。

何度も何度も確認しました。

この型だと触れられた相手のこの場処の弾力がこうなる、とか。もちろん、その型の角度も含めて……。

そして、これは、先立って中村明一さんという尺八奏者から教わった『密息』の秘伝の型と全く同じだったのです。

大変、驚きました。

伝統の伝統というか、そうしたものが、秘伝、奥儀として隠蔽されて、ちゃんと存在していたのだな、と思いました。

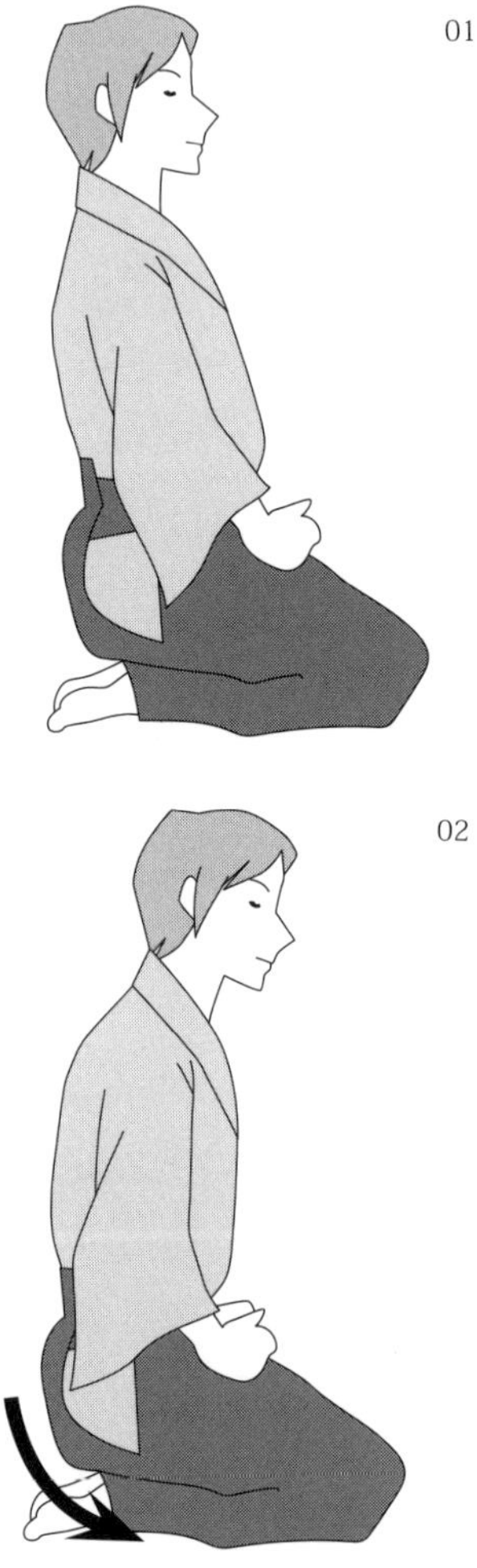

図6

それと同時に、私たちの体――つまり無意識（潜在意識）というものは、そういうことを知っているのだなとも思いました。

そう、私たちは、私たちと思っている存在だけでは無いのです。

私と思っているのは、私として限定してしまっている私であって、ほんとうの私は、そうではない。

その意味では、私とは、もっと大きな、というか、先に言ったタオというか、限定の無い存在だと思うのです。

それを感得するために、禅をはじめ、さまざまな道があるわけですが、それを総まとめにして、現代の人々にも「簡単」で、「誰にでも」、「楽に楽しく快《ここ》ちよく」できるメソッドに絞っているのが「氣道」というわけです（しかも、心身両面から）。

個別なチェックについては、整体指導の現場で実際に行われざるを得ないこともありますが、まずは文意から汲み取っていただいたものだけで良いので、実修してくださったら幸いです！

以前も九州大学の先生から、「全然違っていた。本で行うのと、実際に教わるのとは、こんなに……」というお言葉をいただいたことがありますが、たとえ間違っていたにせよ、気持ちよく、快《ここ》ちよく行っているのでしたら、決して弊害はありません。安心して実修して下さいませ。

さぁ、ここでちょっと面白い実験をやってみましょう。

こんなことをやります。

◆ワーク7

お二人で組んでいただいて、一人の人が相手の人を後ろから持ち上げます。

その感じを覚えておいて下さいね。

今度は、持ち上げられる人がまず下腹に意識を集めて、つまり下腹に愉氣をして、それから持ち上げてみて下さい。

私がもう一度持ち上げてみます。

――これはすごい。さっきよりも相当重たい。

そして今度は、心ではなく体の方から作っていきます。

一番最初に、幸せな気持ちを作ってくださいと言いましたでしょ。微笑むまで、ちょっとでもいい気分を作って下さいって言いましたよね。

その後で、体の方からのアプローチをしましたよね。微笑んでください。幸せを感ずるまで微笑んで下さい、と。

それと同じように、今度は意識を丹田に集めなくてていいから、背骨をまっすぐにしたあとで、腰を今ご覧になったのと同じように丸めていって、肛門や会陰が引き締まってくる体の角度を物理的に作ってみてください。

下腹、丹田に内圧がかかってくる感じ。

意識を集めようとするのではなくて、体の角度を用いて丹田を充実される。

ＯＫ？　持ち上げますね。

――これはすごい（重い）。


これが本当かどうか、確かめて欲しいのです。

お二人でお組みになって、両方行ってみて下さい。どうぞ。
※お一人でなさる場合は、まずは今の体の感じ（感覚的身体）を確認して、それから両方行って、それぞれの体の感じ（心の感じ）の違いを味わってみて下さい。

こうして実際に感覚していただくと、かなりの違いを味わえると思います。

つまり、私たちがどこに愉氣をしているのか。朝起きてから夜寝るまで、なにに愉氣をしていくのか、どこに思考を使っているのか。どういう気持ちでいるのか。

それによって、こういうように体の重さまで変わるし、いろいろなことが変わってくるということなのです。

気持ちを丹田に集める心からのアプローチでも丹田は実に近づいていくし、自然に内側の圧がまとまるような格好をとる体のアプローチで丹田の実を作ることもできるというわけです。

こうしたアプローチで「上虚下実」つまり整体の状態に近づけられるというのは、とてつもなくすごいことなのです。

だって、幸せを感じやすく（上虚）、その上、自分の力で幸せを創りやすくなる（下実）ということですから。

ぜひ今の座り方、今の立ち方を忘れずに覚えておいて、時々実践してみて下さい。

「一生の宝」になると思います。

肥田春充という、丹田のことを非常に重要視していた人が、彼は中心力って言ったのですけれど、中心力を研鑽する強健術を、こういうお寺で演舞したのだそうです。

それを見ていた老僧の方が、「大変、素晴らしかった」と連発された後、「今度は私も見せよう」と言って、その場で坐禅を組み始めた。

で、肥田晴光が「ここで肚が決まる！」と思った体の角度、その体の角度が決まった途端に老僧がピタッと動かなくなって、そのまま禅定に入っていったのだそうです。

つまり、体の使い方によって、心がコントロールできるということ。

実は、その老僧の方の名前は飯田欓隠《とういん》と言い、ここの副住職の師匠の師匠にあたる方なのだそうで、今回、このお話をさせていただくとは、不思議なご縁を感じざるを得ません。

さて、私たちは、整体、体の整った状態という、「幸せを一番感じやすく、なおかつ幸せを創りやすい」体や心の状態に戻すために、誰にでも気持ちよく簡単にできるいくつかのメソッドを紹介しています。

体からのアプローチですと、どんなタイプの方にも効果がある方法の最大公約数をまとめて【健康法のエッセンス】と呼んでいます。

名付けて、「ウンコヨクシヨウ」。すなわち、

運動の「ウン」、

呼吸の「コ」、

入浴の「ヨク」、

食事の「ショ」、

様々が「ヨウ」。

それを続けて読むと、「ウンコヨクシヨウ」。

一回聞いたら忘れないでしょう?

これで体からの健康法が網羅できます。

「運動法」で最も効率よく整体に戻すのは自動運動。活元運動とも呼ばれます。

これは体に、つまり潜在意識にまかせる運動法といっていい。そういう意味では寝ている時の寝返りを日

中に行うようなもの。

寝返りというのは、体の歪みを整えるための調整運動なのです。体が、命の働きが、自動的に体を整えようとしている。誰にでもそうした体を整えようとする働きがある。

だから、たとえばお子さんが遠足に行ってくたびれた日の夜などは、ありえないくらいの寝返りをうって体を調整するわけです。それが大人になると鈍ってきて、つまり不整体になって、寝返りが少なくなる傾向があるわけです。

その寝返りのような調整を、起きているうちに行おうじゃないか、というのが「自動運動」。心の面でいえば、寝ている時に夢を通して熟睡するのを、起きている時に行うのが座禅、瞑想であるのと全く同じ方法論ですね！

実際、自動運動は「動く禅」、『動禅』とも呼ばれます。

行い方は簡単。

ただ座って――立っても横になってもいいのですが――ポカンとして、体の動きにまかせるだけ。

すると、まずその時の臨時の疲れを調整する運動がでます。

そのうち体の歪みや内臓を調整する動きになってきて、さらにはカルマというか体（潜在意識）の根本的な癖、歪みを調整する運動になっていきます。つまり、いつ行っても、その時の体に最もふさわしいオーダーメイドの調整運動が発動するのです。

そして整体に至れば、そのまま座禅、あるいは臥禅になっています。なぜなら、禅を妨げるものが取れてしまうから。

自動運動のことを「健康法の打ち出の小槌」などとも言いますが、実際、これは本当に便利なものです。とはいえ、「ただポカンとすればいい」と言われてもなかなか難しく感ずる方も多いでしょう。これまたそういう意味でも座禅、瞑想と同様ですが。

そのために、自動運動が出やすくするためのいくつかの準備運動もあります。時間の関係上、ここでは全部お伝えすることはできませんが、一番大切な準備法は、先にもお話しした「邪気呼出法」です。

これを行うだけで、（あくびを通して）ポカンとしやすくなっていく。

次は「呼吸法」。

まず最も重要なのは、今も申し上げた「邪気呼出法」。

もうひとつご紹介しましょう。これは背骨に息を吸い込む呼吸法です。頭のてっぺんから、頭の中心、背骨の中心を通して、ゆっくりと尾骨までに一息で息を吸っていくつもりになる、というだけ。吐く息は意識しないでOK。これを「脊髄行氣法《せきずいぎょうきほう》」といいます。

「行氣」というのは、自分に「愉氣」することをいうのです。つまり自分の体に気持ちを向ける。ですから

「脊髄愉氣法」といってもいい。

背骨というのは、思いのほか体の中心にあるのです。背中側から触れられるのは、魚でいえば背びれのような部分でして、背骨というのは鮭缶の中骨のような円柱のものが連なっているわけですから、体の中心に近いのです。

その背骨の、中心に息を吸っていくつもりになる。そうすると、背骨に氣が通ります。気持ちを集めるのが愉氣ですからね。

すると、背骨というのは、先に言ったように全身につながっているので、あるいは心でいえば潜在意識というか深層意識というか、魂の部分、いえタオにまで中心は連なっているので、たった一息でも、うまく行えば自分の体全体、心全体を調律できてしまう。

背骨の中心に息を吸う「つもり」で良いので、簡単にできる呼吸法ですが、効果は絶大です。

その簡便さと効果の大きさからいえば究極の呼吸法、いえ、究極の氣道メソッド、究極の健康法、整体法といえるでしょう。


もう一つあります。これは、丹田に息を吸いこむという呼吸法なのですが、簡単な略式バージョンをいえば、鼻から息を吸って、下腹、丹田に「ウーム」ととこらえるというものです。

実際に音で聞くと「ンーンッ」という感じになりますね。実際にこうして「音」や、姿を見せないとお伝えできない呼吸法の代表ですが、これも実に大切な呼吸法です。

あとは、声の本[注1]にも書きましたけれど、「ウーム　大丈夫」という呪文のような言葉があります。

実はこれは野口先生の作られた言葉であって、丹田のある人の実感の言葉だと思います。

「大丈夫だよ大丈夫だよ大丈夫だよ」と口先だけで繰り返しているような人は肚が抜けている。水落が硬い。大丈夫だと言い聞かせている。

そうじゃなくて、大丈夫だよと言う前に大丈夫な状態がなくてはいけないのです。


「入浴」というのは、「皮膚からのアプローチ」のことを指しています。

まぁ、語呂合わせのために「皮膚」を「入浴」にしたわけです。

さて、皮膚からのアプローチで最も大切なのは「手当て」です。気持ちを向けた上で、つまり愉氣をしながら手を当てるということです。

体のどこでも気になるところ、手がいくところに手を当てていい。それは自分の潜在意識と初めて向い合う、ひとつになっていくという行為です。

そして、最初の感じがひとつ変化して、氣が通ったなという感じになったらそれでＯＫなのです。

それだけでも体や心の交通整理になります。体や心が統合化されていく。意識と潜在意識の流通が良くな

（注1）長谷川淨潤著『声が変わると人生が変わる！――声をよくする完全マニュアル55』春秋社。声をよくするためのさまざまなアプローチのご紹介はもちろん、整体や瞑想についても理解が深まる本です。

り、整体に近づいていく。戻っていく。

先に、他の人と行い合う手当てのお話をしてきましたが、自分で自分に手当てを通して愉氣をするのも良いのですよ。先に言った「自灯明」という言葉の意味を思い出してください。

次いでの「皮膚からのアプローチ」としては、普段の入浴法。

着ているものや、お風呂だけで、意識と潜在意識の流通を良くする方法があるのですよ。つまり整体になっていく。

そういう意味では、着ているものやお風呂は、まず留意してほしい「整体グッズ」といってもいい。

心や体調の変動のある時、少しでも体や心に違和感とか変調がある時は、体の一部分を〝温める〟というのが良い。その代表は足湯です。

ただ、この足湯や、お風呂の入り方だけで、風邪だろうが、ノイローゼだろうが、激変してしまうのですが、しかし、その行い方がほぼ一〇〇パーセント正しくない。正しくないというか、自分の体に相応しくない。

拙著で公開していますので、ぜひご参照してほしく思います。(注2)

しかし「何かあったらまず足湯」というくらい著効がある。

他にも、六万人のガン患者を温熱療法だけで改善させたという温熱療法やコンニャク療法、湿布法などもあります。それらも拙著をご参照ください。(注3)

次いで四番目が「食事法」。

なぜ四番目かというと、食事は情報つまり観念、フレームに捉われやすいからなのですね。

実際、TVや雑誌でも、「これを食べると良い」とか、「一日に三回食べると良い」などと言うことが多いですし、体つまり潜在意識の要求というよりは、頭（意識）、観念で「何を食べたら良いのか？」というふうになりやすいのです。そうなれば、無意識、体を乱すもとになりやすい。

実際、現代のほとんどの慢性的な症状は食べすぎによる栄養過剰から生じているといっても良いでしょう。

だから、まずお腹が減って「食べたい」という要求が出た時から食べるようにしてほしい。そして食べ始めたときの美味しさが変わってしまったところでやめる。

体や心の症状を変える強力な食事法はいろいろありますが、まずはこのことを食事法の基本としてお伝えしたいと思っています。


そして、このことは、食事のみならず他の分野でも全く同じことがいえます。

（注2）足湯については、『東洋医学セルフケア３６５日【健康法のエッセンス】—『氣道』入門』ちくま文庫刊、『月経美人セルフケア—女性ホルモンをととのえて美しくなる』ブルーロータスパブリッシング刊、『声が変わると人生が変わる！—声をよくする完全マニュアル55』春秋社刊、などでご紹介しています（いずれも長谷川淨潤著）。
（注3）温熱療法やコンニャク療法については、『東洋医学セルフケア３６５日』にも記載がありますが、ＤＶＤ＆ＣＤ「温法講座」で詳しくご紹介しています（氣道協会刊）

日常の生活、人生の中で、いかに潜在意識、つまり体の真の要求に沿っていくかどうか、ということ。

「このこと」が、整体という理想の健康状態――幸せを最も感じることができ、そしてまた幸せを意図的に創りやすい状態――に戻していくために、何より大切なことなのです。

体からのアプローチとしての最後は「様々」です。

これは基本的に、住んでいる環境をはじめとする外側からのアプローチ。その他、アロマテラピーや音楽療法なども「様々」に入るでしょう。

しかし、まずは運動法とか呼吸法などで、自分の身ひとつで行えることをやっていただきたい。

それなら、「いつでも、どこでもできます」ものね。

そのあとで、自分以外の他のもの、つまり道具や食べ物が必要な入浴法や食事法も行なってみる。それでも足りない場合は、環境を整えたり変えたりする、という順がベストではないかと思い、この「ウンコヨクシヨウ」という順番にしたのです。

ただ、体が動かなくて運動法ができないというように、この順番でできないことがあったら、次の「呼吸法」からのアプローチにしていく。つまり、できるものからということです。

また、緊急に体質改善が必要な方、そうした早急の体質改善つまり潜在意識のリフレッシュが必要な方、あるいは、したい方は、それらを総動員して行なっていくと、『相乗効果』と呼ぶのですが、信じられないほどに短期で心身が変わります。

さて、これを心に置き換えたらどうなるのか？

今度は「心からのアプローチ」ですね。

「人生は心一つの置きどころ」とは中村天風先生の言葉ですが、心から、整体の機能に戻して、幸せな器創りを実現することもできます。

私たちも、先に紹介した体からのアプローチ「ウン・コ・ヨク・シ・ヨウ」同様に、心からのアプローチをまとめており、そしてそれを何より大切なことと捉えています。

そのアプローチは、先述した野口晴哉師とミルトン・H・エリクソンという地球の歴史上の二大巨匠の手法を参考にさせていただいています（もちろん東先生から学んだエッセンスも全面的に取り入れて）。

ただ今回の私の担当は、体の面から幸せな器を作るアプローチのご紹介ですので、ここでは控えさせていただきます。

もしご興味のあられる方は、「心の学校」の中で、楽しいワークを通して学べる、というか文字通り〝身につける〟ことができますので、ぜひ一度ご参加されることをお勧めします。

心の方は、東先生の専門分野ですので、この後の講義こそ皆さんご期待ください。

さて、ちょうど時間になりましたので、私の話は、この時間はここまでにさせていただきます。

ありがとうございました。

●コラム：愉氣だけで、心を空っぽにできる。そして、なりたい自分にもなれる

愉氣とは気持ちを向けること。

今日は繰り返しそのことをお話させていただきました。

気持ちを向けるというのは、日常で誰もが行っていることです。けれども、ある意味では大変というか、トレーニングが必要なのです。

子どもの頃は、つい気持ちが集まっていて、時間を忘れて遊びに熱中してしまったりしますよね。

それが大人になってくると、そこまで我を忘れて自然に集中してしまうことは少なくなっていますよね。

そして、子どもの頃であっても、思わず「無意識的に」集中してしまうのであって、意識して「これに集中しよう」としていることは少ないでしょう。

つまり、「意図的に気持ちを集める」ということは、あまりしたことがない人が多いと思うのです。しかも、気持ちを向けるときにはなるべく純粋でまざりものがないほうがいいですから、力んだりしないほうがいいし、観念やフレーム、思考や感情が入ったりしないほうがいい。

まして、リラックスしたまま集中するとか、ポカンとしたまま集中するとなると、なおのことあまりしたことがない人が多いと思うのです。

そういう愉氣の練習を、私たちは「心の学校」の中で徹底的に行っています。楽に、そして楽

しみながら。

実際のところ、「心の学校」の中で練習するのは、全部愉氣ばかりなのです。ですから、「心の学校」のことを、別名「愉氣の学校」とも呼んでいます。

たとえば、なんの変哲もない石に、意識的に気持ちを集めるなんて、したことないでしょう？

そういうことをトレーニングするのですが、すると飛躍的に集中力が深まります。

しかも、リラックスすればするほど集中できるようになる。それだけでなく、気持ちの切り替えが非常に簡単になっていく。

そして、この愉氣の練習ばかりしていると、ヨーガでも、集中（愉氣）つまりダーラナーの次は、ディアーナつまり瞑想、と言われているように、集中ができるようになると、そのまま瞑想状態が、瞑想が顕れてくるのです。

たとえば丹田に集中、愉氣をクリアに行なうと、自分が丹田になるのです。

石に愉氣をすれば、自分と石との分離が無くなり、石になれる。

この人がこの人に愉氣をすると、氣の感応で響きあう、共鳴しあう。でももっと愉氣をしていくとその人になったような感じになって、一瞬そっちにいっちゃう。一秒でも、〇・五秒でも。

これがクリシュナムルティ(注4)が言う、観察者と被観察者との分離の無くなった世界です。観察者

（注4）ジッドゥ・クリシュナムルティ（一八九五年〜一九八六年）。代表的な著作に、『自我の終焉―絶対自由への道』（根木宏・山口圭三郎訳、篠崎書林刊）、『自己の変容』（松本恵一訳、めるくまーる刊）など。

の無くなった世界。反対に言えば、普段の見方は思考が働いていて、見ている対象と自分との分離がある。

そして、さらに行い続けると、空間、ポカンとした静けさ、つまり瞑想が顕れてくる。

ですから愉氣（集中）と瞑想は、分離していない。というか、瞑想には愉氣がどうしても不可欠なのです。

さて、話を愉氣に戻すと、愉氣は外だけでなく、先の丹田の例のように自分の内側にもできます。何にでもできる。

ですから思考や感情にもできる。たとえば気になることがあったとして、その事柄を分析したり自分の外側に捉えるのではなく、その「気になる感じ」が自分の体、感覚的な身体のどこにあるかな？と感じてみる。体のどこに響くか、どこに感じるのだろう、と。

そして、それに愉氣をするのです。慣れてくると、とても短い時間で、瞬時に無くなってしまいます。

このやり方で、自分の観念、感情、フレームも全部クリーニングできるのです。これは歴史上最大の発見かもしれない。少し大袈裟ですが……。

しかし、そのように、体感を通して心（潜在意識）がクリーニングされ、空っぽに近づいていくと、どういうことが起きると思いますか？

そう、心が空っぽの状態になっていく。自然と瞑想状態に近づいてしまう。愉氣しなくともね。

これは、コンピューターでいえば、入っていたソフトをアンインストールしているようなものです。

コンピューターだと、ソフトが完全にアンインストールされると動かなくなってしまいますが、人間の場合はどうなるか?

思考や感情、そしてそれを創り出しているソフトがクリーニングされても、先にいった「命」、タオの働きが残るのです。

というか、その元々の氣が十全に顕れる。

——これが本当の私です。

「心の学校」の前半では、それを三日間かけて行っていきます。たった三日間ですが、何十年もの修行によっても得られなかったものが得られた方は、枚挙に暇がありません。

その結果、体としてはポカンとできるというか、ポカンそのものになったわけですから、先に述べた「水落」は完全に弛んでいます。

というか、全身の細胞が一新します。その顕れとして、〝水落〟は完全に抜けて〟いる。

心は、風です。もちろん体も。

ですからこの「心の学校」の前半のことを〝風の学校〟と呼んでいるのです。

そうして、本当の自分に戻った状態は、絶対世界（0）そのものになった、生きながら死んだ状態ともいえます。

そして、今度は再生です。

命、タオの状態から、この相対世界（1）の世界を自在に生きるため、好きな思考や感情、観念というソフトを自由にインストールするトレーニングを、それこそ楽しく行っていきます。

現実創造力、夢実現力が、飛躍的に培われます。

体の面の変化は、一言でいえば生き生きしいます。

前半が瞑想、心の断食だとしたら、後半は復食の期間。

インストールだから、というだけでなく、「自由に人生を選べるんだ。創れるんだ」という潜在意識、体の産ぶ声が聞こえてくるかのようです。

――そう、再生、新生なのですから。

そしてその結果として、〝丹田〟の弾力が回復してくるのです。

まさに生まれたての赤ん坊が下腹で大きく息をしているように。

この新生の旅は一日半かけて行います。

仏教やミルトン・H・エリクソンはもちろんですが、願望実現法研究四十数年間の結晶として、夢を叶える方法を〝技術〟としてお伝えしていいます。

そのため、この「心の学校」の後半を〝夢の学校〟と呼んでいます。


全て「愉氣」だけで行っていきます。それだけで十分なのです。

道具も何も要りません。

愉氣だけで、クリーニングもクリエイトもできる。


そして、愉氣というのは、人間にしかできないこと。

人間は、つい愉氣、つまり気持ちを向けると思考が混じってしまいますが、それが簡単な練習によって、思考を静めて気持ちだけ、そう氣だけ向けることができると、人生が楽になります。

そして楽しくもすることもできる。

そして、私たちの中に潜在していた能力や個性、体力が十全に発露していきます。

その意味では、愉氣の可能性は人間の可能性である、といってもいいでしょう。

愉氣とは、ただ「気持ちを向けること」。

それが、「人生を拓く鍵」なのです。

第二部　こころから見た幸せのあり方　東　豊

東　みなさん、こんにちは。今日は、このような素晴らしいお寺でお話できますこと、このようなご縁をいただけたこと、まずはそれがとても嬉しくて厚くお礼を申し述べたいと思います。伺いますとこちらは禅宗のお寺さんということで、私の勤務先の龍谷大学は浄土真宗ですのでちょっとアウェイな感じもありますが、どうぞよろしくお願いいたします。

聴衆　笑

東　失礼して、椅子に座ってお話させていただきます。ずっと正座でお話されていた浄潤さんはやはりお若いですね。聞かれている皆さんもずっと正座の方もおられてやはりお若い。私は正座が苦手でございまして、また還暦を迎えましたので、ちょっと楽したいなと。

実は私、誕生日が二つあるんですね。本当に生まれたのが三月二十五日です。六〇年前の三月二十五日に生まれたんですが、生まれてすぐ死にかかったそうです。産婆さんが「こらもうアカン。あきらめなさい」って。それで家族みんなが泣いてるところ、ボホッと息を吹き返したらしいんです。でも体が弱い。「三月二十五日では可哀そうや、誕生日をズラそうやないか」ということになって、役所への届けは四月三日になったわけです。だから二つ誕生日があるんですね。でも二回誕生プレゼントはもらえないですね（笑）。下手すると両方貰えない。三月二十五日になると「四月三日にあげるからちょっと待って」と言われ、四月三日になると「やっぱりそれって偽の誕生日だから」なんて言われて、どっちも貰えない悲惨なことになる（笑）。あっ、今日は漫談をしに来たわけではありません。

聴衆　笑

東　そのように生まれつき体の弱かった私ですが、こうして無事還暦も迎えまして、お陰様で元気にさせていただいております。何よりこれは浄潤さんのおかげでございます。皆さん羨ましがると思いますが、月に一度浄潤さんと会ってお話をする機会があって、その時に体を触ってもらっているんです。羨ましいでしょう？　タダですよ。

聴衆　笑

東　とは言え、怖いですね。先ほどの浄潤さんのお話で、体を見るとこの人はイライラしやすいだとか短気だとか、わかるって。ありゃ私、いつも丸裸にされていたんだと気がつきまして、浄潤さんの顔を見るの恥ずかしくなりました。ポッと顔を赤らめてしまいましたよ（笑）。ああ、すみません、こんな話をしに来たんじゃないんです。とりあえず還暦ですので、座らしてもらいますね。

還暦といえば昨日娘が「パパ還暦だね、お祝いしないとね」って嬉しいこと言ってくれるんですよ。するとそれを聞いたうちの家内がね、「何言ってるの、全然嬉しくもめでたくもないよ、還暦ってほとんどもう死にかけよ」って。無茶苦茶言いますね（笑）。まあ、なんとか無事還暦を迎えさせてもらって、今日もここに生かしていただいております。小一時間これからお話させていただきますので、最後までよろしくお願いします。漫談ではございません（笑）。

（椅子に座って）先ほどの淨潤さんのお話の際、「幸せを思い出すときはいつか」といったことを、隣同士でやりましたでしょ。私もペアの女性に聞かれて考えてみたんです。すると出てきた答えは「五〇歳のときから今まで、毎日です」。ペアの方がちょっと驚かれたように「どういう意味ですか？」って。実は私、五〇のときに病気しましてね。その病気の体験を軸になんか自分自身が変わったなというのがあるんです。で、そのことが現在の私の仕事、つまりカウンセリングにもかなり影響している。今日はそういったことを少しお話してみたいなと考えています。

この中にカウンセリングの仕事されている方おられますか？　ちょっとお手を挙げてもらえますか？いらっしゃいますね。次は全くそういうことを勉強したことはないという方おられましたらご遠慮なく手を挙げてください。はいはい、結構おられますね。手を挙げられない方はなんでしょうか……中途半端に勉強されてきたのかな。いやそんな失礼なこと。

聴衆　笑

東　私の仕事は、専門用語で言いますと家族療法とかブリーフセラピーという名前のカウンセリングです。これにはいくつかの重要な理論がありますが、小難しい理屈はさておき、二つだけ特徴を説明させてください。この二つを覚えれば家族療法って何？がだいたいわかりますので。

一つは、システムという考え方です。システムというと、みなさんはシステムキッチンをパッと思い浮かべるかもしれませんが、まあ当たらずとも遠からず、部分と部分が相互影響しながら全体を形成している、こういう考え方だと覚えてください。

具体的に言いますと、例えば皆さんの体の中には心臓があって肺があって胃があって腸があって……、いろんなものがございましょう。一つ一つは別々ですけれども、それぞれ勝手気ままに働いていますか？今日は胃は頑張るけど、腸はちょっと休ましてくれって、そんなことございませんね。上手に連動して動いております。つまり体の臓器は別々のようでもその部分と部分が相互に連動して働く、これがシステムの一例です。身体システムですね。

また、心にもシステムがあります。みなさんがよく知ってる言葉で言うと、意識だとか無意識だとか。先ほど浄潤さんも潜在意識、顕在意識という言葉を使われましたが、そういうように心の中にもいろんな層があって、それらがお互いに影響しあって自分の心を形成している。それが性格なり、人格なりという見え方をする。心も一つのシステム、体も一つのシステムとして捉えることができるわけです。

さらに、心と体というのは別々のようですけれども、それらはまたお互いに影響しています。浄潤さんも言ってましたけど、いつも笑っている、楽しいと思ってると体も元気になってくる。逆に体が元気だと笑顔も出てくる。またいつも怖い顔して怒っていたり不機嫌にしていると体にも悪い影響が出てくる。逆に体が不健康だと不機嫌になる。こういったことを心身交互作用っていうのですね。心と体がお互いに影響しあっていると言うことです。ここで大変重要なことは、「階層の違うもの同士も影響しあう」ということです。

これを個人と家族に置き換えて考えてみましょう。みなさんとご家族のご関係、いかがでしょうか。まったくお互いに影響を受けずにバラバラに自由に活動していますか？　「私の家族はみんな他者から影響を受けることなく存在しています」「私は夫（妻）のありように一切影響受けません」「子どもがどんな状態であろうと私は私です」……そんな人、おられますか？　きっと無理でございますね。ほれ子どもが何をした、ほれ夫（妻）が何言った、そうしたことに多かれ少なかれあなたは影響を受けますよね？　そしてもちろんあなたのありようも他の家族メンバーに影響を与えますよね？　つまり、家族は相互に影響しあっているわけです。個人はまったく自由であるようでいて実は縛りあっている。家族のような濃密な関係ではなおさらのことです。

「心身が相互に影響する」ように、家族メンバー同士も相互に影響しあいます。これを家族システムと言います。個人は家族のあり方に影響を受けるし、家族は個人のありように影響を受ける。やはり「階層の違うもの同士も影響しあう」のです。つまり、個人の心体は、家族のありように影響を受けるということになります。私の専門とする家族療法では、この原理に従い、家族間の相互作用を変えることによって個人の心や体を治療しようとするわけです。

さて、もう一つ、ちょっと堅苦しい話をご辛抱くださいね。すぐに漫談に戻りますので（笑）。システムという考え方ともう一つ、家族療法の大きな特徴は、最近の流行なんですが、「社会構成主義」という考え方を採用していることです。難しげな言葉でしょ？　こんな言葉一つ知ってるだけで賢そうに見えますよ。今日家に帰られたら、ご主人に、「今日は社会構成主義について学んできたのよ～」なんて言ってみてください。ご主人びっくりして「何や、それ?」「なんか知らんけど、タイトルだけ覚えてきたの」などと。

聴衆　笑

東　これは超簡単に説明するために身もふたもない言い方をするなら、私たちの身のまわりのことすべて、真実なんてどこにもありませ〜んということ。私たちがあるものを五官で感知し、感知したものについて意味を与え、そしてそれを言葉にする。他者とコミュニケーションする。共有する。そのようなプロセスを経て、「それがあたかも事実であるかのごとく」存在するようになるということです。例えば……(聴衆の一人に)お名前はなんておっしゃいますか?

聴衆A　ナカオです。

東　ナカオさん。はい今私がナカオさんを感知しました。ナカオさんが私の存在に入りました。こうしてナカオさんは初めて私の前に現実の人として表れたわけです。そして、ああ〜美しい人だ! と意味を与えたとします。あっ、いや、ほんとに思っていますよ。

聴衆　笑

東　ともかく私がナカオさんは美しいと意味を与えた。ナカオさんは美しい、美しい、美しい……と私の思いが繰り返される中で、どんどん「ナカオさんは美しい」という現実が広がっていきます。しかしそれはまだ私の中だけの世界です。しかしそのうちにお隣りの人とコミュニケーションする。声かけする。「ナカオさんって美しい人ですよね」って。するとお隣の人も同じように思っていて「美しいですよねさんは美しいよね～」ってなってくると、「別嬪のナカオさん」が生まれるわけです。
～」、「そうだよね～」。さらにまたその隣の人も「そうだよね～」。どんどん広がってみんなが「ナカオ

聴衆　笑

東　そもそも「別嬪のナカオさん」は最初どこにもいない。今述べたようなプロセスで社会的に構成されていくわけです。これが社会構成主義の基本です。言葉が現実を作るとも言えます。私たちの身の回りにあふれかえっている嬉しいこと辛いこと悲しいこと腹の立つことなどあれやこれや、実はすべて本来存在なし。全部私たちが構成したものに過ぎないと考えるわけです。構成するとは、もう一度言うと、「選択的にあるものを感知し、意味を与え、言葉にし、コミュニケーションする」。このようにして種々の現実を構成しているのが私たちの人生であると、このように考えるのが家族療法の大きな特徴なのですね。

このような考え方を身につけてしまいますと、何が起きるかというと、例えばクライエントさんがいろいろと語るとき、私はこんな風に聴いてしまうのです。「この人はかくかくしかじかといったように現実を構成しているのだ」。なんだか、冷たいでしょ？（笑）一般的にカウンセラーに期待されるようなクライエントの話を共感的に聴くというのとは、何だかちょっと違いますよね。だから、ないしょ。ここだけの話にしておいてください（笑）。

私の仕事というのは、まずは現在のクライエントさんの現実構成の仕方をしっかり聴かせていただき、次に、その人の現実構成の仕方を変えていくことになります。会話によって、自然と変わるような働き

かけをします。すると、例えばそれまでは「自分は最低の人間だ」と思っていた人が、いや、そうでもないかな。「最低の人生だ」と嘆いていた人が、いや、そうでもないかなって、だんだん変わっていく。

もちろん説教はしませんよ。考え方を変えなさいとか、新しいものの見方をしなさいとか、そのような説教を始めたら大抵のクライエントさんは逃げて帰りますものね。そうではなくて、十分に現状の話を聴かせていただいた上で、種々の手法を用い、ちょっとずつ、そういえばそのような事実もあるか、なるほどそのように考えることができるかと、新しい現実がだんだんと腑に落ちていくような会話をするのが基本なんです。もちろんその人が生きやすくなるために、楽になるために、これが目的ですね。

で、若い頃からそんなことを仕事でやっておりますとね……まあ、ちょっと自慢話みたいになりますが、どっちかというと器用なタチでございまして、二十代後半から三十代くらいには、日本の家族療法の業界ではちょっと有名人になっちゃったんですね、これが。で、そうなるとですね、ややこしいことが起こってきたんですよ、私の身に……。それは何かと言いますと……つまり、人生をナメだしたんですね。

聴衆　笑

東　だってね、現実は会話でどうとでも構成できるのですから、口八丁手八丁でセラピーができる。悪く言うと、相手が誰であってもどうとでも言いくるめることができるわけです。だから三十代の頃の私をよく知ってる人はいまだに私のことを詐欺師だと言いますよ（笑）。

例えば、みなさんびっくりされるかもしれませんけれど、「虫退治」などという名称の治療法がありましてね。子どもが不登校。その原因はああだこうだと親子や両親がもめている。子どもがおなかが痛いとかの身体症状を出していたり母親が落ち込んでいたり。そんな家族が来るとしますね。私はチャンスを見て新しい現実を構成しようとするわけです。例えば、「原因は過去の子育てでもない、家庭環境でもない、本人の性格でもない」なんて話をじっくりと会話の中で構成していく。すると「じゃあどうして不登校に？」ってなるので、「この子に虫がついただけです」って言うの。

聴衆　笑

東　「何虫だと思う？」って聞くと、子どもが「怠け虫」って答えたりする（笑）。それならその怠け虫を退治せにゃならん。怠け虫退治をご家族一緒にやりましょう、なんて売り込む。毎日画用紙に怠け虫の絵を描いてもらって、それを家族みんなでパンパン叩いて、最後にその画用紙を燃やして、庭に埋める。……なんて儀式をやってもらったりしました。なんだか危ない宗教団体みたい。

聴衆　笑

東　いやいやみなさん笑いますけどね、数年で百例以上、効果あったんですよ。それまで「不登校の原因は親の子育て、家庭環境」などと現実構成していた人には嫌な自責感が消えていきます。夫婦喧嘩や親子喧嘩が消えていきます。「自分はダメな人間」と思って落ち込んでいた子どももそうではなかったことになる。つまり、「虫がついただけ」。ほんとにそう思っちゃうんですね。そのような「新しい現実構成」が従来の家族の言動や行動を変えていく。家族が一致団結して難局を乗り切っていくという新しいドラマが始まるわけですね。ほんの一例ではありましたが、私は日々このような社会構成主義的セラピーをしていたのです。……でも、それってこうして種を明かせばインチキでしょ？

聴衆　笑

東　でも本当に、私はクライエントさんたちが元気になることだけを願っていたんですよ。心の中では「真実なんてどこにもない。物は言いよう。世の中なんてそんなもん」といった感じで冷めた目で人生を見てましたけどもね。若いときはそれでもまだ一所懸命、人様のために役に立とうと、みんなに楽になってもらおうと、そのために自分の口八丁を使おうと、頑張っていたのですが……。あのう、これね、ここだけの話にしておいてほしいんですけどもね、三十代のいつ頃からか……私利私欲に走ったわけですね、私。

聴衆　笑

東　もうこれだけの口八丁がございますからね、悪いことといっぱいできるわけですね（笑）。悪いことの中身までは謹んで申し上げませんけれどもね（笑）。もうそれはそれは、アレヤコレヤといっぱいあって……。今思えば、まあエゲツナイ三十代であったなと。

聴衆　え〜え！

東　え〜え、でしょ？　三十代から四十代、天狗になった悪童は我が世の春でございましたよ（笑）。ところが！　ところがどっこいです。これがえらいことになったのです。ちょうど五〇歳のとき、病気になりましてね。まず最初、四〇度の熱が突然出ました。やっと少し下がったと思ったら三十七度台が、二週間くらい続く。そのうちに体の節々が痛くなってくる。痛みで吐く。とうとう歩けなくなった。

ベッドに横になったきり。食欲はあるけどご飯を食べるのもしんどい。みるみる痩せました。病院にはもちろん行ったけど、各科たらい回しですよ。原因不明。そうこうしているうちに今度は両目が真っ赤になりました。それが二カ月ほど続く。あれこれ検査したけどこれも原因不明。そして仕上げは顔面麻痺。人生これで終わったかなと、マジで思いましたよ。

さあ、そんなときです。考えるんですねえ、なんでこんな目に会うのかなって。弱気になっているからかしら、妙に反省モードに入るのですね。これはオレの生き方が悪かったせいじゃないかって。バチが当たったかなって。すると、ふと、いいやこれはバチなんかじゃない、「何か」がこれまでの生き方を反省せよと促してくれてるんじゃないか。ほんとに、ふっと湧いてきたんです。ああそうか、三〇代、四〇代、無茶苦茶生きてきた。すごく利己的だった。セラピーでいくつか良いこともしたかもしれないけど、実は自分が人に評価されることしか考えていなかったんじゃないのか。セラピーがうまくいったら鼻高々の天狗になって傲慢になり、うまくいかなかったら人のせいにして自分を安全なところに置く。他にもあれこれ自分の私利私欲を満たすことしか考えてこなかった。自分のためには平気で人を利用してきた。エトセトラ・エトセトラ。ほんと、人生初の反省モードに入りました。でね、友だちはみんな私を気持ち悪がりましたけどもね、それからですよ朝な夕なに宗教書を読みあさるようになったのは。あっ、もちろん禅宗の本も読みました。

聴衆　笑

東　いろんなもの読ませていただきましたね。すると、どんどんはまっていくんですよ。利己主義だった時代にはそんなもの絶対読まなかった。神や仏なんているわけない。あんなもの人間の創作。神様仏様なんて信じてる奴は頭おかしいんちゃうかって、本気で思っていましたね。実に非科学的なことだとバカにしていました。

ところが病気になってあれこれ宗教書を読んでいくうち、どんどん目から鱗が落ちていくわけですよ。ゴソッと落ちた。で、とうとう気がついたことっていうのがね、やっぱり「システムとしてのものの見方は素敵だ」ということだったんです（笑）。

どういうことかと言うと、先ほど階層の違うシステムは連動していると説明しましたが……思い出してください。心と体は相互に連動していますね。個人と家族も相互に連動しています。家族と地域は相互に連動しています。地域と地域は相互に影響しあって日本国という国があります。さらに国と国が相互に影響しあって……そしてあれやこれが相互に影響しあって地球という全体がある。このようにシステムの階層を上げていくことができます。大事なことはすべての階層は相互に連動しているということです。そしたらみなさん、上へ上へと登っていくと、そこには何がありますか？　きっと宇宙でございますね。私たちが知っている現実世界においては一番大きなところに宇宙がある。電子、分子、素粒子レベルから宇宙まで、階層の違うシステムは全部つながっていて相互の影響しあっている。これがシステム論の本質なんですね。なんて素晴らしい（笑）。

それまでの私は、心と体は相互に影響しあっている、個人と家族は相互に影響しあっている、この程度の思考レベルで仕事をしてきたわけです。理屈の上では、大学での講義なんかでは、システムは小から大まで繋がっていると説明していました。だから、私がくしゃみを一発かますと宇宙のどこかの星が一つ爆発するかもしれないなどと学生の講義では話していましたが、これ、実感が伴わないので茶化しておったのですね。宇宙と自分がつながってるなんて、理論上はともかく、実感としては信じていなかった。

でもいろんな本を読みつつあれこれ思考を重ねますとね、宇宙と自分の繋がりがなんとなくしっくり来るようになった。自分は宇宙の一部であり、同時に宇宙の要素が自分の中にあるといったことがちょっとずつ信じられるようになってきた。ああそうだったのか。自分が家族の一部分であったのと同じように、煎じ詰めれば自分は宇宙の一要素にしか過ぎないんだ。宇宙の一要素として、種々の相互作用の中で自分は生きているのだと思わずにはおれなくなってきた。つまり、宇宙にあるものは全部同時に自分の中にもあると。……ちょっと、危ない？（笑）

で、宇宙って何？（笑）「宇宙」というのは、私の中では、私たちを包んでくれている無限大の大きなものを表す象徴的な言葉ですね。人智の及ばぬもの。これを宗教的に言い換えればすなわちご神仏。つまり、私たちはみんなご神仏と繋がっている。もっと言うと、私たちの中にご神仏がいる。だって私たちはみんな全体の一部分ですから。私の中に神様がいるわけです。仏さんがいるわけです。言い換えれば私たちの中に本来仏性があるわけです。キリスト教的に言うと内なるキリストが最初からあるわけです。

私の専門とする家族療法の基礎理論の一つであるシステム論と宗教書とはここで完全に一致したわけ

です。正体不明の病気のおかげ様ですね。

そのように考えると、また不思議な感覚が湧いてきました。それは、ご神仏は完璧・完全な存在だから、自分がその一部分であるということは、自分の中にも本来それがあるということは……「な〜んだ、俺って実は完全な生き物なのか！」って（笑）。この病気は本来はないものなのに、自分がご神仏と離れていたから、ご神仏とのパイプを詰まらせていたから、その完全無欠のエネルギーを取り入れることができていなかったことの表れなんだ。そう思うに至ったのですね。厚かましいでしょ？（笑）でもね、これは自分の中では実に大きな気づきであって、以後、私は大いに反省してパイプ掃除をし（笑）、ご神仏との交流を始めました。簡単なことです。ご神仏を素直に信じ、認めて、生かされていることに感謝する。これだけですよ。最初のうちはその感覚を維持するためにいろいろな宗教書に触れることも有効でした。

すると、みなさんが信じるかどうかわかりませんが、驚くべきスピードで、劇的に病気が治っていったんです。まったく薬要らずです。当時私に薬を調合してくれたお医者さんが今日は聴衆として来てくれていますけど……ごめん、実は最初の三日しか飲んでない。

聴衆　笑

東　多くの人には怪しい話としか聞こえないかもしれませんが、ともかく枯渇していた生命エネルギーを取り入れようと考え、そのためにご神仏と、あるいは宇宙と、しっかりつながろうと決めたときから、どんどんどんどん、いろんな症状が日に日に取れていったということです。自分自身でも、それまでの人生で、これほど驚くことはなかったですよ。

で、症状がすっかり良くなるとますます私の信念は増強され、もうご神仏は私の親であり友達であり、なくてはならぬ存在となりました。それまでは、自分一人の力で生きてきた、仕事ができたのも自分の実力、ずっとこんな風に思ってきた。ああなんて恥ずかしい勘違い。なんたる増上慢。ご神仏に生かされ助けられてきたことが今では痛いほどわかります。ご神仏は無尽蔵の宝庫なので、そこと繋がりさえすれば、生命力や知恵や欲しいもの、必要なものが必要な時にアレヤコレヤと降りてくる。こんな感じ。

それからもう一つ、ここではっきり言っておかないといけないことがあります。それは、当然のことですが、私だけではなく誰でもご神仏とつながっているということですね。みんな一緒。みなさんも全体の一部分。いつもいつも憎たらしいと思っていたあの人この人も、皆一緒（笑）。みんな神様仏様の一部分。自分と同じ仲間。いつも口うるさい家族も、近所のうるさいオバサンも、職場のいけすかん同僚も、みんなそう。あの人もこの人もみんなご神仏を中に持っている。そう思えるようになったのですね。

すると、それから嫌な人が急激にいなくなってきた。なかなか腹も立たなくなってきた。ちょっとイラっとすることがあっても、「この人もご神仏。俺と一緒や」って思うと、不思議と感情が穏やかになり、結果的にみんなと仲良くなれる。人はこっちが思った通りの人として現れてくる。こちらが嫌なヤツだな〜っと思ってると、嫌なヤツとして立ち出《いで》てくる。でもこちらがこの人は善き人と思うと、そういう人として立ち現われてくる。黒住教教祖の黒住宗忠さんに「立ち向かう人の姿は鏡なり、己が姿をうつしてやみん」という歌がありますが、それ、一つにはこうしたことも言わんとしているような気がします。またこれは社会構成主義の原理の一部分でもありますね。

さてともかく、おかげさまで急速に病気は全快。いやそれどころか、還暦なので座らさせてもらいますって言った後にこんな風に言うのもなんですが、これまでの六十年間で今が一番元気です。おそらく二十代のときより元気。時々歯が悪くなって、今日も聴衆として来ていただいている歯医者さんに診てもらうくらい（笑）。ほんとに体が元気になりましたね。

そして、それからは私のセラピーのスタイルも変わりました。家族療法にジョイニングという考え方があります。平たく言うと、個人であれ集団であれ、対象者に溶け込むこと、仲良くなること。これができないと、つまり信頼関係が形成されないと、なかなか良い治療はできません。

病気をする前の私は、ジョイニングは技術・テクニックだと思っていました。相手に溶け込むために手練手管を駆使する感じ。ところが病気を体験して以来、ジョイニングはテクニックじゃないと考えるようになりました。もちろん技術的なことを無視するわけにはいきませんが、でもその前にもっと大事なことがある。それは何かというと「観法」。対象をどのように見るかと言うことですね。要するに、さっき私が言ったように、人はみんな神様仏様の一部分。ご神仏がその人の中におられる。そういうものの見方で関わっていけば、自然と仲良くなっちゃうと、これを保証して良いです。自然と信頼関係が形成されていきます。

逆に、私があるクライエントさんのことを心の中で「嫌な人だな」と思ってるのに、表面的にいくら波長を合わせようとしてもなかなかうまくいきません。どれだけ表面を繕っても、いくらかはうまくごまかせる部分もあるかもしれないけれど、結局のところ、私自身の頭の中にあるものが眼前に立ち出てきますから、やはりそのクライエントさんは「嫌な人」として私の前に存在することになります。するとますますそのクライエントさんが嫌になったりする。するとますます……。とまあ、悪循環ですね。

さらにちょっときわどい話をすると、私が「この人は病だ」思って会ってると、いつまでもその人は病のままです。だってそれは私の頭が構成している世界だからです。私が「この人は病じゃない。今この人は病という外見を示しているけれども、これは仮の姿。私がそのように見てしまっているからそのような現実が立ち出でているだけ。この人の本当の姿は仏性である」ということを深く信じて、眼前にいる「病の彼女」を見るのではなく、「その奥の仏性・完全な姿」を見ながら会話します。そうすると目の前に出ていた病がやがて消えていきます。「病」のところを何か性格的なことに入れ替えても同じことですね。……ちょっと気色悪いですね（笑）。はい、でもこれは慣れると本当に体感できるようになります。なので、テクニックじゃないです。共感的に話を聴きましょうとか、労いましょうとか、このような質問をしましょうとか、そういったテクニカルなものではありません。ただ、「クライエントの中にある仏性を見なさい」なんて学生に言うと、「変な先生」と思われるのがオチだから、今日のような機会がないとなかなかこのような話はしませんけれどね。基本的にはやはり技術より観法。観法が実は一番重要だと考えています。

こういったことも教えてくれたのが、先程来の病気体験だったわけです。今思うと怖いですね。あのとき病気してなかったら今の私はどうなっていたことやら。ですから、本当に病気には心から感謝してます。今日の私があるのは病気のおかげ。あるいは、病気を通して気づきの機会を与えてくださったご神仏のおかげと思っています。

さて、そんな風に、私のセラピーの在り方も変わってきた。ただ表面上は、私の二〇代のセラピー、三〇代のセラピー、六〇代のセラピー、同じような感じかもしれません。ずっと変わってないぞと言う人もあろうかと思います。でも私自身、全然意識が違います。「変な人を治す」、「壊れてる人を治す」、「おかしい家族を治す」、おそらく以前はこんな感じだったと思うのですね。でも今は違います。何度も言いますが、「この人の仏性を引き出す」といった意識ですね。その人の仏性を相手に会話することですね。見た目はものすごく怖い顔しておられても、その奥にあるニコニコ顔と会話する。そこに語りかけていく。すると結果的にニコニコ顔が表面に浮き出てくる。そんな感じ。これが今の私の面接中の意識であって、昔も今も実際の会話の様子や雰囲気は変わらないかもしれないけど、意識は全然違うわけです。お陰様で、今はセラピーがとてもラクになりました。昔の私だったら、表面を取り繕うことや技巧に走ることに夢中になり、その結果、セラピーうまくいかなかった場合は家族やクライエントを責めていました。難しい家族だった、難しいクライエントだった、だから仕方ないって感じの言い訳。つまり、全部相手のせい。

でも今は一〇〇パーセント自分のせいだと思っています。うまくいかないときは、私の観法に問題があるんです。クライエントや家族を問題だと感じてしまっている自分がいる。やりにくい人だと感じてる自分がいる。そのような意識があるから、目の前にそのままの姿が現象として現れている。そのように考える。そうなると、治療の対象はもはや眼前の相手じゃない。自分自身の頭の中である。クライエントや家族を問題と観ている私の頭さえうまく治療できれば、すなわち私が相手を問題として観なくなりさえすれば、眼前に新たな装いの現象が現れてくるはず。と、こういうことです。治療の対象はいつも「私」である。変わらなければならないのは相手ではなく、いつも「私」なのですね。

もちろんこれは私生活でも同じことです。道を歩いていても、電車に乗っていても、買い物していても、何かの折にカチンとくることってあるじゃないですか。しかしこれは、自分を治療するチャンス到来ですね。その際、イライラさせる人や出来事の問題とせず、自分の頭の治療に取り組む。慣れればカチンとくることが減ってまいります。すると面白いことに、カチンとくる出来事や人と遭遇すること自体が大変少なくなります。まるで運が良くなったように。

このことに気が付いてから、私の人生、ずいぶん楽になりました。「良くない現実」に遭遇してもこれは自分自身の治療チャンスですから、その繰り返しでどんどん「現実が良く」なっていく可能性が広がる。このような経験をしますと、もう、どんなことがあっても何かしらありがたく感じられるようになります。「不幸」もありがたい。まるまる良いことばかり。これほど幸せなことはありません。思う通りのありがたい人生になっていく。まさに今ここが極楽浄土（笑）。

しかし、こういう状態に至ったのは五〇歳以降ですから、この道の達人には「遅いですね」と言われるかもしれません。もっと若い時にわかっていたらどれほど人生幸せだったであろうかと思うこともありますが、若い頃は誰も教えてくれませんでしたし、自分も近づかなかった。「神様仏様？　アホらし」って感じでしたから。

ですからやはりタイミング。人ごとにそこに至る時期というのがあるんじゃないかなって思っています。だから、クライエントさんには今日のような話はしませんよ。いろいろな経験をしながら、その人なりに気が付く時期、タイミングというのがやっぱりあるんだろうなって思うわけです。

先ほど、浄潤さんがとっても良いことを言われました。風邪は悪いものが消えていくプロセスで、実はありがたいものである。その結果、新たに良いことが始まっていくんだって、こうおっしゃったでしょ？　風邪だけじゃなく、私の病気もそうだったけれど、すべての病気は、やはりそこを通過して何かが変わっていくチャンスと言えるのではないでしょうか。悪いものが消えて良いものに置き換わるチャンス。その人が抱えてきた「業」が消えていくプロセスかもしれませんしね。そう考えると、病気体験は何であれ、ありがたいことだなって思えますね。

このような発想の仕方を、家族療法の専門用語ではポジティブ・リフレーミングといいます。ポジティブというのは肯定的、リフレーミングというのは枠組みを変えるということです。つまり、否定的に受け取られているものを肯定的に言い換えるということ。例えば、「私は決断力がありません」という人に「あなたは慎重な人なんですね」って返すことができる。「うちの亭主、子育てに一回も協力してくれたことがないんです」と文句を言う奥さんに「奥さんが有能なママだったので、ご主人はすっかりお任せできたのですね」って言うこともできる。これ、ただの言い換えですけれどもね、物事はなんであっても、ネガティブにもポジティブにも表現することが可能ですから。で、物事の否定的な側面にとらわれている人たちにポジティブ・リフレーミングを行うと徐々に柔軟なものの見方が獲得されるようです。いや、単に人が柔軟になるだけでなく、実は現実も姿を変えるのです。先程来語った私の病気体験を持ち出すまでもなく、実際のところ、すべてのものにポジティブな意味があります。それをコツコツと発見し、究極のところ、「問題」や「症状」、「嫌な環境」、「難儀な夫や妻」、「出来の悪い息子」、「嫌な過去」、こういったものにさえ、その存在に対して感謝できるようになったら、その人はもう「それ」から自由になれます。「それ」へのとらわれがないので、「それ」を握りしめていないので、結果として、「それ」は形を変えるのですね。現実世界の変化は、まずは自分自身が変わることで、後から確実についてくるということです。病気であることのポジティブな意味を発見してありがとうって思う。すると病気の方からお役御免と離れていく。これこそがポジティブ・リフレーミングの威力ですね。

よくほら、転生輪廻ってございましょう。禅宗だとどう扱うのか知りませんが、具合悪い話だったら、どうぞご辛抱くださいね。……私は実は転生輪廻を信じておるんです。信じることが、一つのポジティブ・リフレーミングとして役に立つのですね。例えば私が病気になりました。この病気は、現世において私が積んできた悪い業が消えていくプロセスだと理解することもできるけれども、私が前世で積んだ悪業の数々を今まさに消失させてもらっているんだと考えることもできる。過去世の生き方のせいでキチキチに巻かれた悪業ネジが、現世の私が不幸なことに出会うたびに少しずつ緩んでいくのだと考えると、今起きてることは単純に悪いことではなくて、私が過去に犯した業をここにこうしてきれいに戻してもらってるんだという気持ちに自然になれるんですね。これで往生後は良いところに行ける可能性が高くなるぞって（笑）。あるいは来世は明るいぞって（笑）。ともかく、転生輪廻を深く信じると、病気や苦労でさえも、ああありがたいって、感謝の対象に変わってくるのですね。病気は、現世で作った悪業の解消もあるでしょう。しかし前の人生、その前の人生、さらにその前の人生、その時代時代の悪業の解消の意味もある。それらがほどけて消えていくのだ考えると、病気や不幸を受け入れることもできる。感謝できる。するとおかしいことにそれが消えていくんです。輪廻転生が本当にあるかどうかの議論はともかくとして、その枠組みがもたらせるポジティブ・リフレーミングの効果は馬鹿にできないと思いますね。もちろん、「前世の因縁で今が悪いんだ」などと落ち込むようなら、これは輪廻転生の悪用と申せましょうけれどもね。

難しいことを承知で言うなら、ともかく、嫌なことなんか忘れりゃいいんです。嫌なことほど握りしめたりするから、いつまでもそいつは私たちから離れない。のさばる。握りしめずにパッと手を開いたら、勝手に離れてしまうんですけどね。ただ、これはそれほど簡単なことではない。そこで、そのようなことを無理なく起こしてくれるのがポジティブ・リフレーミングである。そのためには「病気の肯定的な意味」を考えることが役にたつ。場合によっては「輪廻転生」に思いを馳せることだって価値がある。こういったことですね。

みなさんの心の中にあるもの、心の中で与える意味、使う言葉、やりとり、そのようなものの集合体として眼前の現実が今存在している。もしも眼前に嫌な現象・人物があるならば、それは自分がつくった幻のようなものに過ぎません。その否定的な意味にこだわらず、肯定的な意味を探してみましょう。そして呪う言葉から肯定的な言葉に置き換え、嫌だったはずの現象・人物にすら感謝してみましょう。そのことによって初めて現実が変わっていきます。万事の仏性が顕現される。そのような世界を、私たちは自分自身で構成することができるのです。何しろ、一切衆生悉有仏性でありますからね。

さてそれやっと本日の講演タイトルにもありますP循環の話となりますが、あれ、もう時間がない？（笑）じゃあ駆け足で（笑）。と、言いますか、P循環・N循環の詳細、その中身はここまでの話で実は語り尽くしているのです。なので、ここからはほんの少し整理する程度にしたいと思います。

人間の心の中にはP要素とN要素があると考えます。PはPositiveのP、NはNegativeのN。「感謝」「赦し」「安心」「喜び」「自信」など、これらの要素はP要素です。「悩み」「怒り」「恨み」「妬み」「哀しみ」「恐怖」「不安」など、これらの要素はN要素です。

N要素は身体にダメージを与えます。たとえば強い「怒り」がうつや心疾患につながるといったことです。そしてまた身体のダメージは心のN要素を膨らませることにつながります。これを個人内のN循環と呼びます。P循環はこれとは逆に、P要素が身体に健康を与えてくれる、そして身体の健康は心のP要素を膨らませる、こういった循環のことです。心身医学で言うところの心身交互作用と同じことですね。

また強いN循環の渦中にいると、周囲も巻き込み、近くの人や環境をN要素で満たしてしまうことがあります。NはNを呼ぶことになりやすいのですね。類は類を呼ぶ。波長の合うものが寄ってくるとも言えますね。とは言えみなさん、ああ自分はダメだと責めないでくださいね。責めるとますますN循環にはまりますから。その意味で、これはなかなか毒のある話ですね（笑）。ともかく、このような対人関係のN循環もあればP循環もある。そして、とても大事なことですが、対人関係の循環と個人内の循環は同種のものが起きやすいということは特筆大書しておいてください。簡単な例で言うと、不平不満やしかめっ面の多い人は身体にも対人関係にも悪影響を与える、感謝や笑顔の多い人は身体にも対人関係にも良影響を与える。こんな感じですね。人生全般の「運」にも影響する。ああ怖い。

聴衆　笑

東　結局、今日私が一番申し上げたかったこと。

「みなさんの心の中につくりあげたものが、目の前に出現する。もし目の前にある嫌な現象が見えているならば、それは自分がつくったもの。それを、他者や環境や運命のせいにして腹を立てたり不平不満を抱え込んでいるから逆にいつまでも嫌なものが消えない。これがN循環。そうではなくて、全部に意味を見出して感謝しましょう。病気にすら意味を見出して感謝してみましょう。その生活習慣の中で、あなたの本当の姿、つまり仏性が出てきます。そのことによって、現実が変わって行きます。これがP循環」

綺麗にまとまりました（笑）。

さて、今日の私のお話はここまでにしたいと思っています。あとは浄潤さんとのディスカッションです。みなさんからもいろいろご質問いただいて、会を盛り上げていければと思います。よろしくお願いいたします。ありがとうございました。

第三部　こころとからだの対話　東　豊×長谷川浄潤

長谷川　先生は、こうした形でのセミナーというのは今あまりやっていらっしゃらないんですよね？

東　はい。

長谷川　一度、お招きされて伺ったセミナーの印象からすると、「P循環」の話はもっと前のほうの時間でお話するのかと思ったら、最後にオチとして使われたのが今日は印象的でした。

私も今回の講座のために準備をさせていただいたのですが、話す予定だったことがなぜか話しづらくなってしまい、実は用意したレジュメの半分くらいしか話せていないんですね。

しかし、ライヴの講座というのはいつもそういうものですね。逆に用意すればするほど違ってしまうみたいな。それって、意識と潜在意識との関係性というか、人生そのもののような気がします。

さて、さっきの肥田春充さんの話が出ましたね。そこから仰ってもらってもいいですか？

聴衆男性①　肥田春充さんに座禅の形を教えられた方がいらして、偶然ですけれど、その禅僧が飯田欓陰《とういん》という人なんですが、その人が書いた軸がたまたまここに掛けてあって、びっくりしました。

長谷川　ありがとうございます。肥田春充さんは、先程お話しした「整体」の状態のうち『丹田』を重要視されていた方ですね。

そして、そのお二人のエピソードは、古武術家の甲野善紀さんの『表の体育 裏の体育』（壮神社）という著書の中でも紹介されている、知る人ぞ知るとっても有名なエピソードです。

聴衆男性①　通身是手眼《つうしんこれしゅげん》というものです。全体が手であり、全体が目であるというものです。

長谷川　これまたシンクロというか、今日の講座が、この時この場での一期一会のライヴだからこその出来事なのでしょう。

ライヴだからこそ、潜在意識から浮上することが優位になりやすくなるわけで、だからこそ予定していたレジュメの内容が半分も話せなかったわけですが、その潜在意識というのは、先程描いたユングの集合的無意識ではないですが、こうしてご参加された皆さんとラポールがとれる程に共鳴するところがあるのだと思っています。

そう、今回はかなり準備してしまったのですよ。しかし、いつも皆さまとのこうしたラポール感、共有感覚といいますか、その時浮かんだことを大切にしたいため、結果として、これは話したかったな、ということが話せなかったわけですが、反対にいえば準備したからこそ、潜在意識が自由に動けたのかもしれません。けれども話したかったことは確かだったので、後で控室で反省をしていたのです。

ところが、「これだけは話したかった」ということの幾つかを東先生が、表現は別なのですが、代弁してくださったのです。それが今、すごく強く印象に残っています。

例えばですが、先生が「これだけは覚えて帰りなさい」と仰った「社会構成主義」という考え方は、私たちの言葉で言えば「症状即療法」という言葉にも通ずる〝良い悪いではない身体状況の見立て〟と同じだなぁ、と思って聞いておりました。そういう意味では、先生がお使いになった言葉と私が使った言葉は、違っていても同じことを指しているものばかりだなぁ、と感じています。

そうしたさまざまな観点から生まれた言葉を統合しようと目論んでいるのが氣道というか私の役割でもあるのですが、その意味では、今日の講座は心と体、心理と身体との統合という私の中での一つの目的が少しは果たせたのではないかな、と先生の講座を聞いて思っておりました。そして、「そういう受け取り方」を、皆さんもなされていらっしゃったんだなぁ、と今のご質問でも感じています。

司会者　何か皆様の方からご質問、これぞというのがおありでしたらお伺いしたいのですが。どなたかいらっしゃいますか?

聴衆女性②　私が今日来させていただいたのもご縁だと思うんですが、先生方お二人のご縁をどんなふうに思われているのでしょうか?　お会いされた馴初めなど教えていただけたら……。

長谷川　きっかけは東先生の処女作『セラピスト入門』(日本評論社)です。

私は十歳の時から心理療法を教わっていて、野口整体に興味を持ったのも、創始者の野口晴哉先生が心理療法の達人だったからなのですね。晴哉先生のアプローチはほとんど全て、たった一言で、いえある時には無言で相手の潜在意識を変えてしまう、というものでした。「私は初めて会った人でも、どんな人であっても、一言で相手の方を自殺させることができます」とは、お弟子さんに仰ったエピソードですが、晴哉先生の相手の潜在意識の観察力は今でも研鑽の励みになります。

ただ私が高校時代に先生はお亡くなりになってしまったので、その心理技術を直接学ぶことができなく、ずっと忸怩たる思いでおりました。その後、一九九〇年になって、吉本武史先生の処女作に触れました。ミルトン・H・エリクソンの一般向けの紹介やNLPを日本で初めてご紹介された方ですね。読んで、「まるでインドや東洋とシュタイナーの関係みたいだ。逆輸入みたいな形で、野口晴哉の心理療法がミルトン・H・エリクソンから学べる！」と感動しまして、すぐに吉本武史先生の門を叩いたのです。

その後、研鑽を積んで、スーパーヴァイズからセラピーの担当を任されるまでになって、そして私自身の道場でセラピーだけを行う時間を持つようになっていったのですが、その数年後、東先生の『セラピスト入門』が出版されたのです。いやいや驚きました。こんなすごい人がいるのかと貪り読みました。……というのは、吉本武史先生のアプローチというのは、大変自然なアプローチなのですが、東先生のアプローチは、円環論、システムを重要視しながらも、ある時には、面と向かっているのに、相手の首に後ろ蹴りみたいな奇抜さもあって、その両方が、晴哉先生にも似たところがあったからなのですね。

その後、吉本武史先生がお亡くなりになり、少し途方にくれていた時、仲良しの整体指導者が「東豊先生という方、ご存じですか？」と仰るのです。いやいや、ご存じも何も、その後も、全ての著作を拝読しており、「いつかお会いしたい、いつかお会いしたい、と思っている先生ですよ」と申し上げたところ、「実は、こうした形でしたら、一度だけですが、お会いできますよ」と。そしてお会いしたところ、先生から「そうでしょ？　貴方、セラピーを受けられたいよりは学ばれたいのでしょ？　いいですよ」

と、本来ならば教師資格がなければ受けられないコンサルテーションを、整体指導をしているし、と先生のご配慮で受けられるようになったのです。ちなみに、その出会いの機会を与えて下さったRさんは、今、この講座にいらっしゃっているのです。そして、先生が龍谷大学に移られてからも先生にお願いして、今も月に一回コンサルの時間を持たせていただいております。ですから、まあ押しかけ女房みたいなものです。

聴衆　笑

東　これはね、もう前世の因縁でしょう。

聴衆　笑

東　何度も言うように類は類を呼ぶのでしょうね。それとね、先ほど話した病気経験を通して生まれ変わってから、自分が望む良いものが目の前に自然と集まってくる実感があるんですよ。そのいいものの一つが浄潤さんです。

聴衆　笑

長谷川　いやいやいや……。

で、先程の話に少し戻るのですが、ごめんなさいね。一回目の東先生とのコンサルの面接で、先生とマンツーマンでお話しできたんです。さっきも先生のエネルギーすごかったでしょ？　私は一番後ろで聞かせていただいたのですが、それでも先生の氣に撃たれるような感じでした。先ほどの話の、水落と丹田だったら、丹田のエネルギッシュな感じがバーンと。

それをその時はマンツーマンで味わったわけですよ。後ろの壁が白かったせいもあるんですが、もうピカピカ光ってるんです。それこそ内側に神仏があるんじゃなくて、先生そのものが仏像みたいなオーラが出ていて。

聴衆　笑

長谷川　先生、別に懐中電灯を入れられているわけではないんです（笑）。私は、オーラの色が見える人ではないんですが、そんな私にもすごいオーラが見えるんですよ。それで「先生、何かなさっているんですか?」って伺ったのですが、「何もしてない」と。

「ただ、これは言えるかもしらん」と続けられたのです。それは、朝起きたときだったか、あるいは車の中でだったかな、「今日、私と出会う人、それはクライエントやこうしてお会いする人だけではなく、院生の人だろうが、いや事務の方だろうが、今日、自分と会う人の幸せを心から願う。これだけは毎日行っていますね」って。打たれました。

私の場合、いらした方には愉気をする、手を当てて愉気もする。また、まずは自分が幸せになってそれが相手にも伝播したらいい、とは思っていたけれども、東先生は、今日出会う全ての方の幸せを願っている。そう決めている。

そのお話してるときのオーラ、先ほどみなさんが味わったくらいのエネルギッシュなワーッとした迫力。もう、ちょっと絶句でした。

東　浄潤さん、私のことを随分と持ち上げられますけども、実は結局は自分のためなんです。光っているかどうかはわかりませんが（笑）、Ｐ（ポジティブ）の状態でいることで心身ともに、そして社会的にも、自分が楽なのですね。他人様よりも先に自分（笑）。でね、自分の心をＰにするトレーニングとして、例えば電車に乗ってるときなんかに、見ず知らずに人を利用して（笑）、この人たちが幸せになりますように、この人たちに今日一日いいことがありますようにと、心の中でブツブツ呟やいたりするのですよ。こうしたことが、自分の中にＰを保つ一番簡単な方法なんです。こんな感じで自分のＰを常に充満にしておくと、いざクライエントさんに会った時に、Ｐエネルギー発射！みたいな感じがあるだけであって、まあ、それは「Ｐのおすそ分け」みたいなもので、そんなにたいしたことではないです。

長谷川　すごいですよ。それだからこそ、さらにすごい。

東　まずは自分自身のため、日頃の蓄積に励んでいるだけ。

長谷川　さて、皆を代表して私が質問してもよろしいでしょうか？

ご著書の『セラピスト誕生』には、セラピストになりたい方だけでなく、私たち整体指導者、いえ、生きているどんな人にもお薦めなワークを紹介して下さっておりますが、その中で、私たちが『幸せワーク』とも呼んでいる〝夜、寝る前に今日一日あったことを思い出して、良くやったなぁ、とか自分を評価し、そして感謝をする、幸せな気持ちにしていくというワーク〟がありますよね。先生ご自身はなさっていらっしゃるのですか？

東　それはすごいことですが、なかなか大変そうですね。私はやってません（笑）。

長谷川　Ｐ～！って言うだけで。

聴衆　笑

東　そう。P〜!……で充分です（笑）。以前経験したことですが、学生にP循環の話をした後に学生食堂に行きますと、女子学生同士が何やら険悪な雰囲気になってるんですよ。睨み合ってるんです。どうなることかと様子を見ていたら、突然そのうちの一人が「P〜!」って言ったんですよ。

聴衆　笑

東　すると学生たちが皆プーって吹出して、一遍に雰囲気が変わったの。だからある意味おまじないみたいなもので、P〜!って、この一言でいいんです。なんか嫌な感じになったらP〜!って。そんなもんです、はい。

聴衆　笑

司会者　他に何かご質問ありますか?

聴衆男性③　どちらの先生でもいいんですが、教えてください。自分のものの見方を変えるとか、自分が変われば相手の目の前の現象も変わるという形のお話をされていましたが、自分の見方を変えれば相手が良く見えてきたりするということは、自分のせいだという形に戻していくと、どうしても自分を攻撃する形になってしまう。それで自分の見方を修正するという意味では、けっこう僕の中ではまだ辛い作業で、それをごく自然にする方法というか、自分の変え方というか、自分が変わればもっと楽になるというのが、今のP循環の変え方というのの一例だと思うのですが、そういうことについてのお考えがあれば。

東　それはね、あなたが「自分」というのを一体何をさしておっしゃっているか、それ次第だと思いますよ。「自分」には「偽物の自分」と「本物の自分」があって、例えば人のことを悪くみる自分、文句を言う自分は「偽物の自分」。このような「偽物の自分」を「自分」だと見て、「自分」を責めるからますます辛いことになる。「偽物の自分」のトリック、罠ですね。でもあなたの「本当の自分」というのは、「神様仏様の子ども、仏性」。それが「自分」だと考えてみることです。ところがほとんどの人は、そのような自分の本質を忘れて、世俗まみれの自分の在り方、つまり「偽物の自分」を「自分」だと思ってる。そこをしっかり分けちゃうんですよ。そうすると、今あなたが「人のことを悪く思ってる自分」というのは偽物であると観察できて、本来の「自分」はそれじゃないというところに戻ってくることができるんです。偽物の自分を掴まないことが大事。掴めば掴むほどそいつはのさばる。そいつに騙されないことが大事。ところが騙されて、「偽物の自分」に目を向ければ向けるほど落ち込んだり傷ついたりする。ところがさらに言うと「落ち込む自分」、「傷つく自分」も偽物。そんなものもおらんのです。そこに囚われたりしがみついたりするからそいつもまたますますのさばる。そんな悪循環を繰り返すのではなくて、「本物の自分」に意識を向けてみれば良いのです。信じてもらえるかどうかはわかりませんが、本物の自分はご神仏の子どもで仏性ですから、そこに意識を向け続けると自然とそれが発露されて来るのですね。私自身はそれで随分救われました。ただし、そのためにはちゃんとご神仏とつながってないといけません。そのために何か形式がほしいのであれば。神祀りでも読経でもいいと思います。ご神仏にきちんとチャンネルを合わせることによって、自分の中にもそれが「在る」ことを意識する。偽物を掴まずに本物を掴むとはこういったことです。

禅宗のお寺さんなのに法華経の話をするのもなんですが、その中に、「一切の業障海は皆妄想より生ず。若し懺悔せんと欲せば端坐して実相を思え」ってあるわけです。「すべての悩みは妄想であるから、そんなものに囚われず、本当の自分に思いをはせなさい」「襟を正して自分の本体を見つめなさい」ってことですね。「本当の自分」「自分の本体」とは「ご神仏の子ども、あるいは仏性そのもの」のことです。そこにきっちり向き合えば、偽物の惑わしから自由になれる。これが楽に生きるための、良く生きるための、一番のコツです。だから「自分」という言葉の使い方には気をつけた方がいい。何が「自分」であるかよく考える、それが一番大事なこと。私はそう思っています。

長谷川　私は答えなくていいですよね。

聴衆　笑

長谷川　では私も答えさせていただきますが、答えるよりも、同じ質問をしたいくらいです（笑）。たしかに仏性としての自分、タオ、大いなる命としての自分をもいつも感じてはいますが、私は東先生のようにまではまだ至っていないので、何かの出来事などで、時にぶれてしまうこともあるのですね。そんな時は、〝そんな自分もあるわな〜〟って自己受容してしまうことが多いです。

たとえば、ホ・オポノポノ（ハワイに伝わる伝統的なセルフクリーニング法）ってあるじゃないですか。知ってらっしゃる方もいらっしゃると思うのですが、そこでも全部、自分の責任にしていきますよね。ホ・オポノポノでは多くの場合、「ごめんなさい、許してください、ありがとう、愛してます」という言葉を『潜在意識に向けて』投げかけるわけです。実は、それが最高のホ・オポノポノなのです。

でもって、これはとっても大切なポイントなのですが、言葉って思考ですよね。氣的、バイブレーション的にいえば粗いんですよ。かなりフレームも限定されていますしね。

ですので、できたら、言葉ではなく、天心、つまり東先生が今仰った仏性としての自分から、〝今日はあんなことしでかしてしまった〟なら、「その感覚」に言葉ではなく、愉氣をしていく。つまり、ただ気持ちを向けていく。味わい愛でる。言葉よりも愉氣、気持ちだけのほうが、シンプルで深く細かく浸透していく。

ただ、仏性としての自分からの愉氣、天心の愉氣というのは、感情に巻き込まれてしまっている時などは難しいわけです。そういう時は、粗いレベルのほうが効くこともあって、その場合には言葉を用います。これはちょうど、手当てでも、ただ掌を当てて愉氣をすればいいのだけど、いえ、ほんとうは掌を当てないで愉氣すれば、いいのですが、かなり時間がかかる時などは、粗いバイブレーション、つまり、実際に掌を当てたり、物理的な圧力をかけて押さえたり、とするのと同じ原理ですね。私の場合は、さっき自己受容と申しましたが、そんな方法で自己受容をしています。

で、これを「潜在意識教育」っていうんです。潜在意識を育てることに繋がっていくのですね。これがポイント。

潜在意識を育てていく。それによって、もちろん潜在意識の現れである体も変わる。

まぁ、私たちは反対に、潜在意識を育てる、潜在意識の目指すものを導くために、手当てを含めて、体からもアプローチしているわけです。これも大切なポイント。

ともかく、私のレベルはそんなものですが、ただ、そうした自己受容、潜在意識教育を行っていきますとね。反対にといいますか、自然に、東先生が仰った仏性としての自分、タオ、大いなる命そのもの、空としての自分に近づいていくのですよ。

司会者　よろしいでしょうか。ありがとうございます。他にどなたか、いかがですか？

聴衆女性④　素晴らしいお話を伺えてありがとうございます。最近、主人にいろいろ文句があって、肩こりもひどくなってきたんですが、改心する勇気が出ました。私は子どもがいて、ちょっと麻痺があって歩くのが不自由です。本来はすごく幸せ、いつも笑ってて、周りの人を幸せにする性格をもっているんです。

東　その子どもさんが？

聴衆女性④　はい、息子です。で、人からもすごく好かれる、愛される、私にとってもすごく癒しになる存在なんですけれども、麻痺があるために動きが不自由だったりとか、みんながスムーズにできることがちょっとできなくてイラッとするんですね。それでちょっと可哀そうだなと思って、ついつい助けようとか、そこを直そうとかすると、よけいまた子どもがイラッとしてしまう。私の中では完全であってほしいと思うんだけれどうまくできないところをみると直してあげようと思って、イラッとしてしまう。だからこそそういうふうに子どもを関係なく、思うことができないんですけど、心の面でどうしたらいいかというのもありますし、体の面として私が何か息子にしてあげることはないでしょうか？

東　「子育てQ＆A」にあるような心理学的な回答ではなく、今日の話の流れに沿った形で、私が日頃から思っていることをそのまま正直に語らせていただいてよろしいですか。

聴衆女性④　はい。

東　では本音を言います。先ほどの講演で私は「業」という言葉を使いました。その展開で言いますと、息子さんが障害を持って生まれて来たこと、実はこれも「業」だと考えます。ただ、それを悪いものだと捉えないでください。息子さんの魂は前世で良い経験をいっぱいして相当レベルの高い魂となっている。だからさらに魂を磨くため、今度はそういう身体を持って次の新しい体験をするために生まれて来た。魂としてより一層成長するために今そういう状況でお生まれになった。困難な状況であればあるほど魂は磨かれる。私は障害を持って生まれてくる人や幼くして亡くなってしまう魂にはいつもそのようなイメージが湧いてくるんです。あなたの息子さんは優しいですよね。笑顔をふりまいて周囲を幸せな気持ちにする力がある。素晴らしいです。でも、障害のせいでうまくいかなくてイライラすることもある。そこのところをどう乗り越えていくのかといったことが、息子さんの今世のタスク（課題）じゃないかなって、私はそんな気がしました。

またお母さんにはお母さんの今世の課題がある。自分の思い通りにならなくてイライラする状況、あるいは不完全なもの、そういったものを受け入れていくことを、今世で学ぶ必要があったのかもしれない。そういう二つの魂が引き合って、ご縁があって親子になって、二人でともに魂を磨いておられるのではないだろうか。そう思って聞かせていただきました。具体的な解決策ではない、いささか漠然とした考え方を提供しただけですので、お役に立つ話かどうかわかりません。ただ、私個人は、すべての苦労を魂レベルで意味のあるものと考えることで乗り切る勇気を得ることができるもので、つい余計なことを。

長谷川　先生が今、仰ったことは業、つまりカルマに対しての捉え方の大前提だと思います。

そして、体のほうからできることといえば、自分で行う方法、つまり「うん・こ・よく・し・よう」を別として、というか本当はそれをお母さまからご援助してほしいのですが、今日だけの情報でお母様ができることとしては、先程お伝えした「手当て」です。

どこに掌を当てたら良いか、は実際に息子さんのお体を診させて戴かないと正確なことはキチンと言えませんが、先程申し上げましたように、どんな方にも後頭部とお臍というのは人間の急処ですし、後頭部、脳幹の延長としての背骨も大切な処。それらは知識的なことですが、どこでも良いので、気になった処、掌が自然と止まるような処に、掌を当てて愉氣していただけたらと思います。

これまた知識的なことですが、特にそうした麻痺の場合、脳と脊髄、手足の指は重要です。昔習ったペンフィールドとラスマッセンの大脳と身体との関係図でもそうですよね。しかし、そうした処に自然と掌もいくんです。だから、まずは掌がいくところ、止まるところ、掌が気になるところ、に愉氣してください。

「手当て」の愉氣はどんな方にとってもデメリット、害は無く、良いことしか起こりません。それも不思議なのですが……。そして、できたら天心の気持ちで、つまりポカンとして行います。

それが難しくて、心配の気持ちや治ってーっていう気持ちがあるときは、「その前に」、〃自分も素晴らしい、そして相手も素晴らしい〃という気持ちになるといいでしょう。

先生の表現でしたら、自分もですが、相手の方はご神仏の現れなのだ、と、そんな幸せな気持ちをもってから、ポカンとして無心に掌を当てると宜しいかと思います。

それは体、「手当て」を通してのP循環ですよね。幸せ、そして天心になって、タオとしての無限の幸せ、やすらぎの共鳴、循環。Pはハッピーのでもありますし。

聴衆　笑

東　えらいところからもってきますね〜。普通は頭文字からもってくるのに。

聴取　笑

長谷川　東先生ご自身がまさに幸せ、ハッピーの塊みたいですから、つい……。

ちょっと私の頭のコンピュータが混乱したようですが、戻して、東先生が仰ったことを反芻されていただけたら。体からのアプローチとしては今述べた通りです。

そして何より大切なことは、手を当てるときだけでなく、いつもそういう気持ちをご自分や相手の方に向ける、ということが何より大切なのではないか、と思っています。つまり愉氣。

聴衆女性④　ありがとうございます。

司会者　では次の方。

聴衆男性⑤　よろしくお願いします。さきほどの質問された方と一緒で、やっぱりどうしても自分、カッコつきの「自分」にしがみついてしまっていて、変えればいいってわかってるんですが、いざ自分を変えようと思ったときにどうしてももう一つチャレンジする勇気が出てこない。これまでも感謝するというのをやってみたけれどうまくいかないのでまた元に戻ってしまったり。何年か経って、先生の講演会のチラシを見て、何かのきっかけなのかなと思って来てみる。そして自分ではこうすればと思うんですが、そこで本当にそう思えないということは、今は置いておけばいいのかなという感じもある。それこそやっぱ僕も病気せなあかんのかなとか。

聴衆　笑

聴衆男性⑤　そんなきっかけを待つべきなのかなって。頭でわかっていてもやはり腑に落ちない限りは変われないのかなとか。例えば先生のきっかけは病気でしたが、病気だけだったのか。変わる時のミクロの感じといいますか、徐々に変わっていくのか、それともポンと降りてくるのか、どんな感じなのかを先生の体験でいいんですが教えていただければと。まだまだ変わりにくいところがあるので。

東　おっしゃるとおり、その人その人にとってのしかるべき時期といったものがあるように思います。ですから、何かの病気になるのを楽しみに待つ。何かのアクシデントを楽しみにお待ちになるのも、それはそれでいいと思いますね。

聴衆　笑

東　実際、パッと自分が変われてしまうような、そのような機会がご神仏からのビッグプレゼントとして来るかもしれませんよ。それはそれでお待ちになるといいと思いますが、でも一方、ボチボチ変わっていくということもあるわけです。私の場合は病気で一遍にきちゃった感じがしますけど、それがすべてだとは思わないです。少しずつ、「本物の自分」に向き合えるようになっていけば良いと思います。

それに関連して、自慢話しちゃうのかもしれないんですけれど、ま、今までも自慢話だったので、ついでに許しください（笑）。

先ほど、私の人生、三〇～四〇代はひどかったって話しましたね。ところが振り返ってみると、一〇代までは結構良かったんですよ（笑）。

例えば、一つ例を言いましょう。電車の中で女性が男性に絡まれている。私は止めに入りました。すると、男性が包丁出すんです。でも私、まったく平気だったのです。

怖くもなんともない。なぜか、その男性の向こう側が見えていたんですね、今思うと。あっ、つまり男性の本体、すなわちご神仏。それですぐに友だちになってしまったの。そのうち男性は「オレ刑務所出てきたばっかりやねん」などと刺青見せながら身の上話を始める。私は「すごいですね」って、今思うとカウンセリングしてました。

聴衆　笑

東　それで、その間に、女の子には「逃げなさい」って目で合図して。ほんとに平気だったんですよ。そんなことはいくつもあって、誰とでも仲良くなれたんです。今でこそ「人間皆仏さん神さん。そこ見ないとだめ」なんて偉そうに言ってるけど、一〇代まではそれを自然にやってたんですね、きっと。ところが大人になるとだんだん変わってきた。だんだん世間には嫌なヤツもいる、変なヤツもいる、悪いヤツがいる、そういう迷いがじゃんじゃん私の中に入ってきたんでしょうね。不思議なことに、そのような迷いにとらわれると実際にそのような人間が周囲にいっぱい出現して来る。そして一〇代の頃には平気だったことがまったくできなくなる、ビビリになる。結果、嫌な人や出来事ことから逃げようとする。そんな大人になっていきましたね。

だから子どもの頃、元々そういう部分がちょっとあったから、病気体験を必要とはしたものの、うまくそこにスーッと戻れたのかもしれない。素質と言えば素質かもしれないけど、しかし実際このような素質は誰にでもある。忘れているだけではないでしょうか。ともかく、すでに生まれつき「本物の自分」はちゃんと自分の中にあるのは間違いないところだと思います。ただし、どういった経路を通って人がそこに帰っていくのかということは、やはり人それぞれと考えていいんじゃないかと思います。私は私の道があり、あなたはあなたの道がある、って感じで。

聴衆男性⑤　ありがとうございます。

東　あの、今の話聞いたからといって、怖い人がいても私を呼びつけないでくださいよ。

聴衆　笑

司会者　他に何かご質問ありますか？

聴衆男性⑥　東先生にお伺いしたいんですが、先生が特定の宗教とかに行きつかなくて、ご神仏というちょっと抽象化されたところで止まってらっしゃるというのが非常に面白い点だと思いました。普通なら何かに入信するのではと思ったんですが。そこについてコメントがあれば。

東　実は色々な宗教団体に出入りはしますよ。あれもこれも興味があるから、あっちこっち行くんです。例えばある宗教団体に入っている友達がいるとしますとね、どんなところ？なんて興味を持って、すぐついていくんですね、その教団の施設なんかに。しかしだからと言って特定の宗教団体に入信して何らかの活動をするなんてことはありません。なぜかと問われても、ちょっと困りますね……。今日は、場所が場所だけに、これ以上は話しにくいですねえ。

聴衆　笑

東　差し障りのないことだけ言うなら（笑）、私がなぜ特定の宗教団体に入信していないのか、これはね、私にとっての宗教というのは何かの集団に所属することではなくて、絶対的なものを志向する心のあり方のことであって、その意味で、私の中では「宗派はどこであっても全部一緒」という感じがあるんですよね。大なるもの、宇宙、something great、光、言い方はなんでもいいんだけど、何か目に見えない大きな存在があって、私たちも煎じ詰めればその分身ではあるけれども、そのもっと濃厚な分身が（笑）、その時代や地域に応じて真理を伝えるために現れてきた。それが色々な教祖であったり宗派であったりする。例えばキリスト教や仏教もそんな風に捉えています。元をたどれば同じ大きな木。一つ一つの宗派はその枝分かれ。こんな意識がある。だからどの枝から入っても同じところへ行く。だからどの宗派が良いとか悪いとか、あまり興味がない。「共通してるもの」に強く惹かれます。そんな意識があるから、きっと特定の団体には入れないのでしょう。

司会者　長谷川先生は神官でもあり、僧侶でもいらっしゃいますけど、今の東先生のお話について何か。

聴衆　笑

長谷川　まったく同感です。たとえば、東先生が仰る〝大きなもの、宇宙、something great〟のことを、私は、タオとか、天心とか、ポカンとか、あるいは無とか空とか仏とか、あるいは大いなる命とか、愛とか神とか、あるいは全一とか、集合的無意識とかと、言葉を変えて表現してきたわけなんです。もちろん、それのそれぞの言葉の意味は宗教的、哲学的に厳密にいうと違うことなのかもしれませんが、その大いなるものを、いろいろな方にも分かっていただけるように、さまざまな言葉を使ったんです。さっきも言いましたように、統合したいと。

で、その大いなるもの、something great を感ずるには、というか、それに戻るには、浮世である現実のこと、感情や思考以上に、特定の宗教はもちろんのこと、霊的なことスピリチュアルなこと、というのが最も邪魔なんです。

ですので、私も特定の宗教に入信していませんし、僧侶や神官ではありますが、全く、まったく、それに捉えわれていない、というか、ほぼ完全に忘れています。

今日ここにもいらして下さっているお坊様たちにも、「まったく坊主というものは……」と直会《なおらい》で言ったことがあるんです。そうしたら、「先生も坊主ではないですか！」と言われ、あっ、そういえば……と思い出しました（笑）。それ三回くらい繰り返してもうた。

ただ、宗教心というか求道心というのはいいと思うのです。しかし、宗派とか宗教、霊的なことというのは、かえってタオから離れてしまう、のではないか、と高校時代から思っていたんです。実際のところ、私たちは〝心の学校〟という瞑想を深める接心というかリトリート講座を行っているのですが、その際にいつも感じます。霊的なことなしでタオに直進しなくてはかえって難しいです。

が、それなのに、ひとつだけ入信していました。東教。

聴衆　笑

東　月謝とりに行かねば！

長谷川　ちなみに、私が得度つまり僧侶になったの経緯は可笑しくて。実は、私は修験道が仏教だなんて知らなかったんです。私は小さい頃から忍者が好きでして、修験道で教わる真言も忍者みたいで面白い、と思っていただけだったんです。大峰山の断崖絶壁を手足だけで登ったり、宙づりになったりは二度と経験したくないけど、いろいろな呪文、真言ですね、それを教えてくれるし、護摩も焚いてくれるし、加持祈祷の行い方も教えてくれるし、いやいや現代の忍者になれる！……と面白く行っていたら、ある時、「そろそろ得度できるぞ」と、修験道の日本で一番偉い方から言われて、ビックリして。それで「得度って何ですかって？」と聞くと、呆れた顔で、「僧侶の資格を持つことだ」と言われたのです。

そこで「私が僧侶？」と思ったのと、あといくつか思いましたね。

「坊主頭になるのはちょっと……」とか、今言ったように「特定の宗教に入るのはちょっと……」とか。高校時代から時折り、自分で剃っていたくせにね。でも、一生、坊主頭になるという決断というのはちょっと。ところが、「修験道は有髪《ゆうはつ》で許される」とか、「修験道は『神仏混合』であるので、特定の宗教では全くない」とか、私の問いに全部答えて下さって。

ああ、それならぜひ、って言ってしまいました。資格が貰えるなら、という感じで。まぁ、運転免許の代わりみたいなものなんです。

そしてね。〝山頂に登る道は違えど山頂は同じ〟……ということで、次には神官になって、その次は牧師やな、と思っていたんです。そして、実際、数年後、がんばって神官にもなりました。

修験道は神仏混合とお師匠さんから言われていたわけですが、神官、神主の「資格」自体はないわけですからね。

ところがですね。牧師になっちゃうと他の資格を認めてくれなく放棄しなければいけない、ということを聞き、私の夢はそこで頓挫してしまいました。それってちょっと宗派的やな、と思ったので。今ふうに言えば、ちょっとキャパ狭くない？という感じでしょうか。

長くなりましたが、だから私は全然こだわってないんです。というか、こだわらなくていいんだよ、と言いたくて三大宗教の資格をとろうとしたわけですから。実際、僧侶で神官の人って、数人くらいしかいないらしいのですが、そんなの私にはぜんぜん関係ない。私は○○ビデオとか借りたときにも、身分証明に僧侶の証明を出していたくらいです。文部省認定やしね。恥ずかしかったけど。

司会者　まじっすか。

長谷川　まじっす（笑）。アイム・ソーリーヨーって小声で言いながら。これ本当。

東　ついでに一つ、また自慢話していいですか？　例えば新興宗教系の○○教とか、よく我が家に訪問に来られるんですが、時間があれば、私はできるだけ外に出て話すようにしています。それくらい好きなんですよ、宗教。でね、話していますと、時々出てくるのが他宗教への批判。でも私はこんな感じでしょう。するとね、何回かしゃべっているうちに私の前では批判的なことを言わなくなります。私、そのとき、ああ今回もセラピーが上手にできたなって悦に入るんです（笑）。

私の意識の中で、ひょっとしたら一つの目当てとして「調和」があるのかもしれません。現象的にいろいろな人や事象が存在するけれども、それらをすべて受け入れて調和させていくことが大好きなんだと思う。何も宗教でなくても、なんであれ「○○はだめ。○○が正しい」といった差別区別を超えたい。そこを脱構築していくというか、再構成していくというか、そういう仕事が楽しいんじゃないかなと思います。そんな時、「皆ご神仏の子ども、皆仏性」、そういった考え方がとても役に立つということですね。いろんな宗派の人とお話しするのもそのような意識なのでしょう、きっと。

長谷川　先生、セラピー代は？

東　その宗教の会誌を一冊もらうだけ（笑）。

司会者　ありがとうございます。他にご質問はございませんか？　どんなことでもお答えくださると思います。

聴衆女性⑦　例えば、喫茶店で横にいたはるお客さん同士がお互いに悩みを相談している話を聞いて、ムッチャ気になって、何か言いたいとかいうことはありませんか？

東　私、そんなお節介じゃございません。

聴衆　笑

東　そこまでは、さすがに（笑）。

聴衆女性⑦　東先生はPを広めていく範囲がすごい広いから、そういうのも気になるんかな、と思ったんですが。というか、私がけっこう気になってしまう方なんです。

東　知らない人の話にのこのこ口出しするのもちょっとね（笑）。だから、さっき浄潤さんがおっしゃったことでいいと思います。間接的に、「ちゃんとこの人たちがうまくいきますように」、「この人たちがハッピーな方向に向かいますように」と、気持ちだけを向けてあげるといいと思います。私がするのもただそれだけ。

聴衆女性⑦　ありがたいですね。

東　さっき言ったように電車の中でもやってますもん。居眠りしていらっしゃる人にもやってるんですよ（笑）。

聴衆女性⑦　ごはん食べてるときにもやっているんですか？

東　気がついた時ならどんな時でも、Pを蓄えては撒く、の繰り返し。自分一人の中に閉じ込めない。自分で独り占めしない。循環させる。これは仏教でいうお布施の一つだと思います。お金だけじゃなく、愉氣も笑顔も祈りも感謝もすべてお布施。お布施することによって循環していく。だからまた自分に同じものが還って来る。あっ、だからと言って欲深くならないように（笑）。

司会者　他に何かご質問ございますか？

聴衆女性⑧　今日はありがとうございました。幸せがメインのテーマなんですが、P循環できない場合もあると思うんです。そういうときの考え方や対処法を教えていただけますか。

東　私、偉そうなことをあれこれ言ってますけど、実は短気なんです。すぐにイライラする。これってPじゃないだろって気がついて、すぐにイライラがおさまったらいいですが、なかなかしつこくて切り替えできないこともある。しかし、その時はこう考えるんです。「これはありがたい！　このイライラが今必要なんだ！」って（笑）。下痢が体の中の悪いものを排出してくれる作用であるからありがたいことであるのと同じように、このイライラのおかげで前世の業や今世で新たに作った業がほどけていくのだと、例えばそのように考えて感謝するんです。「感謝する」のはPです。要するにNの上にPをかぶせればいいんです。Nを直接的になんとか変えようと悪戦苦闘するのではなく、Nはそのままにしておいて、Nの上にPをかぶせちゃう。わかりますか？　不思議なもので、ネガティブなものは感謝されるとネガティブな姿のままではいられなくなる。逆に、Nを一生懸命分析して、こうしなければああしなければなどと取り組み始めるとますますNに巻き込まれていくわけです。ドロドロになっちゃう。そして、「Nを変えることができない私はダメだ」となっちゃう。そうではなく、むしろNはNとしてそのままにしておいて、「Nさんありがとう。ありがたいな」とPで包む。Pに包まれたNは自然とPにならざるを得ない。オセロゲームみたいなものです。これがコツ。依怙地にならない。Nをつかまない。でも、この方法でNをPに変えてやろう、などと助平心でやるのでもない。ただただ感謝のみ。ここが難しい。気持ちも出来事も、人も、皆一緒です。

聴衆女性⑧　ありがとうございます。

長谷川　今のお答え、さっきの方の質問の答えにもなっていますよね。

東　そうですね。

司会者　他にご質問はありませんか。

聴衆女性⑨　大変興味深いお話、ありがとうございます。私は福祉系の人間です。今、例えば保育園のことかも含めて、社会を変えていこうという動きがあります。社会とまで大きくならなくても、例えば職場の人間関係に対して何か働きかけねばならない、変えねばならないというとき、どうしても闘いモードの人とかいらして、私は闘うとか、大きい声で怒鳴られるのがものすごく怖いから、イヤなんです。嫌いなんです。だから新しいことするときに、今の状況から足して何とかならないかとか、今の状況を組み替えたらどうかとか、みんなが面白くなるようなやり方を考えるんですがなかなか思いつきません。

そういうときに自分の気持ちの中の苛立ちとか腹立つとかも起きてくるんですね。だってケンカするってことは、両方ともこの状況を良くしたいと思って動くわけだから、良くしたいというところで繋がれないかなって思ったりしています。うまく説明できないんですが、ヒントがあればいただきたいなと思って。

東　もう少し詳しい状況をお聞きしないと適切な答えになるかわかりませんが、気分を悪くされたらごめんなさい。実はあなた自身も闘いモードになっておられますね。職場の中でいろんなことに対して、あれが嫌、これが嫌、やっぱり批判の矢を飛ばしておられます。それが相手に向かい、相手からも同じものが還ってきています。しかもあなたよりも「大きな声で」。そのような相互作用が生じているのだと、一旦考えてみることです。

今日も時間があったらちょっとしたワークをやってもいいなと思ったんですが、例えばあなたの目の前にこう、私が座りますでしょ。私の目の前にあなたがいる。そして私はあなたをじっと見て「この人の後ろには仏さんがおられる。この人は仏さんだ」って心の中で繰り返すんです。するとほんとにあなたが仏さんに見えてくる。その練習を繰り返ししてますと、職場で問題だと思ってる人、嫌な人だと思ってる人を対象にしてもそれができるようになってくるんですよ。すると「ああ、私は今までこの人のことをすごくイヤな人だと思っていたけど、よく見ると仏さんが後ろにおられる！」と気がつく。そこを始まりとして、相互作用が変わり、あれこれと現象が変わってきます。相手の人も変わってきます。だから、自分のあり方をほったらかしにして、相手だけ、あるいは仕組みだけを変えようとしても、そううまくはいきません。まず自分のメガネを替えてみてください。それは今のような練習が良いのです。例えば、お家に帰られたらご家族おられますか、ご家族に好きな人いるでしょ？　大好きなご家族に、まずは練習台になってもらいましょう。誰が一番親しいですか？

聴衆　主人です。

東　ご主人ね。ご主人に「あんた、ここに座って！」って。「あなたが仏様が見えるまで頑張るから」って練習するんです（笑）。きっとご主人はすぐに仏様に見えますよ（笑）。そしてだんだんいろんな人を観察対象にしていく。とはいえ、今日からあなたがこのような練習をするかどうかはわかりません。やはり機縁があるかどうかです。いくらこういったヒントを得ても、機縁がないと、つまりタイミングが今のあなたに合わないと、そう簡単には練習なさらないと思う。でも機が熟しておれば今日から始めると思います。だから始めても始めなくても、どちらでも構わない。そこはあなたのタイミング次第です。

長谷川　今のお話を聞いて、マザー・テレサの言葉を思い出しました。

マザー・テレサのところに反戦運動家がいらして、「賛同署名して欲しい」と言われたそうなのです。しかし、マザー・テレサはお断りしたのですね。そして、こう言うわけです。「私は平和運動だったら喜んで署名したい」と。

放射能の悪影響は皆さんもご存じの通りで、怖いな、と思ってしまうわけですが、しかし、怖い怖いってばかり思ってると、その思い自体が免疫力を落としてしまい、被爆の影響をさらに悪くしたりするんです。そうではなく、まずは気持ちを平和の方に切り替えていく。先程、東先生が仰ったようにNに対して否定するNではなくて。

そして、東先生やマザー・テレサのように、他の批判をしている方であっても、それをPのほうに誘っていけたらと。今日のテーマでもある幸せ、ハッPーの方に切り替えていけたらと。切り換えられなくとも、先生の仰るように、Pで包んでいけたら。

ですから、ご質問者には、ともかく東先生先生が仰ったことをされた上で、できるだけ平和的に運動されたらいいなと思い補足させて戴いた次第です。あ、そういえば平和もPやん。Pース（笑）。

東　先ほどの言葉に補足しますね。あなたが練習するかどうかは機縁ですよと言ったのは、あなたにはできませんよという意味で取らないでください。やらなくても別に問題ないんですという意味でお伝えしたかったものですから。

司会者　ありがとうございます。他にご質問のある方いらっしゃいますか？

聴衆女性⑩　今日はありがとうございます。あの家族療法について質問したいんですが。

東　一番の専門ですからどうぞ。

聴衆女性⑩　（笑）家族療法で家族の中で行きたくないという者がいた場合、相談したい者だけが行ってお話してもＯＫなんですか？

東　はい、その方がいいです。家族療法が勘違いされていることの一つに家族全員が集まらないといけないという考えがあるんですね。確かに、家族全員が集まれば情報がいっぱいありますし、変化のためのチャンネルもたくさんありますから、セラピーは楽になりますね。だからと言ってイヤイヤ引っ張られて来た人がいたら、まずそこの手当しなきゃならんでしょ。それよりは、来たい人だけが来られてセラピーを受けていただいたらいいんです。一人でもいいんです。お母さんが一人で来られても立派にファミリーセラピーです。お母さんが変化していくと、それが家族の相互作用の変化を引き起こし、結果的に他の家族メンバーも変わっていくわけです。

例えば一つの例を言いますね。あるお母さんが、「中学生の息子が大問題だ」と相談に来られました。いかにダメな息子か、延々と語られるわけです。こんな時には、私は簡単なテクニックを用います。「子どもの問題の中身」ばかりを聞くのではなくて、母親と息子さんの出来事の順番を問うのです。例えば、「息子は機嫌が悪くなると壁を叩くのです」と母親が言う。私は「そのときお母さんどうしてるの？」

って聞く。母親は「私はカッとなって叱ります」「そうですか、叱ると子どもさんどんな感じなりますか？」「ますます壁を叩きます」「それでお母さんどうするの？」「イライラして、怒鳴ります」「すると息子さんは？」……こんな風に、相互作用を語ってもらうんです。そうしますと、それまでは「息子の問題だ！」と定義していたお母さんが、「ああ、私たち母子の相互作用の問題だった」「私のやり方によっては何かが変わるかもしれない」というように意識が変わっていくんですね。ここがとても大事なポイントなのです。これはほんの一例ですが、例えばそのようなインタビューをするのですね。

その結果、「私、ちょっとやり方を変えた方がいいですかね」なんて言うかもしれない。「えっ？どう変えたらいいと思うの？　自然に起きていることを変えるのって大変だよ」なんて私が心配していると、「でも、一度○○という感じに変えてみます！」って。私は「無理しないでよ」って声をかけ、面接を終了する。どう変わるかは相手が決めることで、こちらは、相手が気付くような流れをつくってあげることが大事なのですね。これが心理療法の原則です。あれこれ具体的なアドバイスをすることはほとんどありません。

聴衆女性⑩　よくわかりました。例えばこの子はちょっと問題だなと思えるような子、例えば発達障害とかそういうふうな人、うつ病になりやすい性質をもってるとか、そういうものをもっている場合でも家族療法というのはできるんですか？

東　家族療法というのは考え方ですから、実は何にでも適用できるんです。ただそれを行う人間、私なら私、あなたならあなた、がどのような職域にいるか、あるいは何を得意にしているか、こういったことの影響の方がはるかに強いのです。例えば、大学の相談室にいる私は、統合失調症の方が家族で来られても、さてどうしたものかと悩みます。精神科の病院に勤務していたら別でしょうけれども。あるいは得意不得意もあるでしょう。家族療法の限界を知ろうとするのではなくてセラピスト自身の限界を知ることがとても大事なことなんです。家族療法そのものが何ができるかどうかではなく、使う私には何ができるかを問うということですね。そのような発想に切り替えていただくといいんじゃないかしら。

司会者　システムということを体の面からとらえて長谷川先生、何かコメントありますか？　個人と家族とか、あるいは症状とかそういう一つのシステムということの体の変化をどう捉えてどのようにイメージされるかといったようなことです。今のご質問とは少し違うかもしれませんが、ご興味ある方もいらっしゃるかなと思って。

長谷川　先生が仰った社会構成主義……。

東　おや、難しい言葉を知っていますね！（笑）

長谷川　ええ、もちろんです（笑）。で、先程覚えた（笑）社会構成主義や、シ、システムズアプローチもそうなんですけど、まったく同じじゃなぁ、と。

つまり、私、氣道の考え方のベースは、東先生や野口晴哉先生の考え方と同様なのですが、何が良い、何が悪いではない捉え方を完全にしているのですね。だって、ある時は、風邪は万病の元になったり、ある時には風邪は難病にならない治療法、自然の整体法になってしまう。〝症状即療法〟とも言いましたよね。

ですから、良い悪い、というのは、それを判断する物指し、フレームによって決まるだけであって、極論すると、物事というのはただ起きているだけ、だと思っています。これまたポイントです（笑）。

それに私たちは、何だかんだと理屈をつけているだけではないか、と。中国の古い諺にあるでしょ。〝理屈と鼻くそはどこにでも付く〟って（笑）。

ですから、見方によって「全て」が変わってしまう。ある人が見ている現実と、別の人が見てる現実は違うわけです。私は、先に申し上げた吉本武史先生から〝The map is not the territory〟という言葉を教わりました。〝地図は領土にあらず〟ですね。簡単にいえば、全ては捉え方なんだ、ということ。そして事実自体に触れるにはフレームを無くさなくてはならない。思考は外すというか。それが禅、氣道の片道、つまり彼岸に行くまでの片道なんですが、そうしたポカンへの道をしていない方にとっては、現実そのものではなく自分が思った現実を作り上げてしまっている。つまり地図ですね。

そうした人、思考モードのときにある私たちにとっては、まず相手の方にとって、いい捉え方、フレーム、視点を持ちたい。だって、そうした想い、気持ちつまり愉氣というのは、私や先生のお話にあったように、影響していくわけですからね。

そういう意味でも、全部、先生が代弁してくださった感じがしてる、というか同じすぎるので、〝ボディ・システムズアプローチ〟という言葉を作ったりもしました。名づけてBGM、じゃないか（笑）。

たとえば花粉症の方だったら、その症状自体を悪いとは思わない。良いかどうかも分かりませんが、自然治癒力が良い、命の力が良い、という前提にするなら、まぁ、良いというフレームにしましょうか。

その上で、どのような構造、システムで、この人の花粉症が現れたのかな、って診ていくんです。すると、花粉症という症状を通して、左の首と左の肩甲骨を緩めようとしてるんだなとかがわかることがあります。実際のところ、そういう人が圧倒的に多いんですが、だったら、その左の首や肩甲骨の緊張はどこからきてるのだろうか。その多くは左の仙腸関節からきてるのですが、その裏の隠れボスには右の腕の疲労があるとか。

そのように解読というか、システムを見立てるわけです。ちょうど、東先生の『セラピスト入門』に書いてあることと同じでしょう？

そして、こういうシステム、グルグル巡りになってるんだなと、解析というか捉える。しかし、それもこちらの視点による捉え方にすぎません。まぁ、仮説です。ちょうど、東先生の『セラピスト誕生』に書いてあることと同じでしょう？

しかし、それが東先生も仰るように大切な面があるんですね。もっといえば、そうした私たちの見立て、仮説というものにも、私たち自身がすでに持っているシステムが関与している。私たちの潜在意識内にあるシステムというか。それによって、相手と自分との氣の感応によって、相手の方のシステムを作ってしまうことがある。

話を戻すと、そうした見立て、仮説の上で、私たちはどうしているか？　見立て、仮説は左脳的なことです。私たちはそこで右脳的といいますか、実際、手は掌はどこいくのかしら？と感覚にも聞いていく。そして、それらを照合していくのが理想。実際の現場は、感覚、右脳を先にすることが多いです。

まるで今日の私の講座レジュメと実際の話のように（笑）。ですので、どちらを先にするとしても、右脳、感覚を重要視し、それを試金石にしています。

で、やっぱり左の肩甲骨に掌がいくなぁ、じゃあ手がそこにいくから、そこを突破口にして、そこから今の相手のシステムと違う流れになるように変化を誘導できるかも、と。

そう、〝今、動いている処〟から変化を誘導することが多い。そうでないと余分な好転反応を引き起こすことがあるので。そして、必ず今動きのある処に掌は自然といくものです。実際、熱感もありますしね。

そして、整体指導が終わるときまでには、さっきのこういう流れはこう変わったなと確認する。するとと結果として、花粉症という症状を持たなくてもすむようなシステムまで変わることがある。あくまで症状の消失は、結果として、おまけとしてね。

東　動いている方を大切にするって、とってもいいお話だと思います。以前、左腕が動かない患者さんがおられましてね。その人は左手が動かないことばかりに注目し、ブツブツ文句を言っておられたのですよ。でも、右腕は動いているんです。「あなたは右腕に感謝したことあるか」って聞いたら「ない」と言うので、「じゃあこれから毎晩、右腕に、動いてくれてありがとうって言いながら右腕を優しく撫でてあげて。そのうち左腕が嫉妬して動くようになるから」って半分冗談でアドバイスしたら、この人の左腕、本当に動くようになったんですよ。

聴衆　笑

東　嘘みたいな話でしょ？　そんなこともあるんですよ。足りないものばかりに目を向けない。不平不満ばかりを口にしない。そして今すでにあるものに感謝すること。これが一番ですね。

長谷川　ほんとうにそれが一番だと思います。

幸せって、こうであったならば幸せとか、いつかなるとか、いうのではないんですよね。先のワークで行ったように、今この場で創れるかどうか。感じられるかどうか。

そして本来、それができるように私たちの身心はそれこそ作られているのだと思います。つまり、幸せは、必ず潜んでいる。気がつかないだけで、潜在意識の中には。だからこそ作ることができるわけです。取り出すことができるというか。

解決志向の例外探しではありませんが、感謝できることは必ずあるんです。幸せと思えることも必ずある。

常に「今」しかありませんものね。今、幸せ感を持てる、という整体の状態に戻すためにこそ、心からのアプローチとして、実はあった幸せにどれだけ気づけるか、感謝できるかどうか、ということはほんとうに大きな鍵だと思っています。

そして未来というものがもしあるとしたら、その幸せというのも、今のその気持ちと比例して一瞬一瞬作られていくのではないでしょうか。「喜べば、喜び事が喜んで、喜び集めて、喜んでくる」――これは私の好きな言葉の一つです。

全ては「今」にかかっていて、その「今」にどう向かうか。心からのアプローチでしたら、どう捉えるか。つまり、今の自分の動き、生活にどれだけ感謝できるか、幸せを感じられるか。〝全てはそこから始まる〟と思っています。そして、〝同時にそれは終着点〟でもあると思っています。

先ほど先生が「今、今が一番、幸せや！」と仰っていらしたように。

東　そういうことですね。

司会者　他にご質問ある方、どうぞ。

聴衆女性⑪　システムが変わるというお話と、最初にお話しされた自然な経過というお話と、両方からの質問なんですが、例えば家族療法でクライエントさんが一人来られて、その方の対応とかの変化により家族が変わって、そういうシステムの変化って起こるんですけど、それって徐々に徐々に起こるじゃないですか。その家族さんにしたら今までのシステムが変わると困る人がいたりとかして、お宅に行ってるのにうちの子悪化してるやないかっていうクレームが来たりとか、その方がいつのまにか自分のクライエントになってるみたいな状況というのも出てくると思うんですが。そういうときに東先生はどうされているのか、どう対処されているのか。これが一番の質問です。もう一つは、体のアプローチのときにやはり自然の経過というのをすごく大事にされているので、一見悪化したように見える時期というのがあるんじゃないかと思うのですが、そういうときに全然よくならない、よけい悪くなったと言って来られた方への対応というのはどうされているのか。もしそれ自体があったらなんですが、そこのところわからないので教えていただきたいです。

東　おっしゃる通り、例えば家族の中の一人が相談に来て、その人が変化することでシステムが変化していくことありえますけど、変化を許さないという動きも当然ありえるわけで、元に戻されることもあります。なので、初回面接における見立てがとても大事なんですね。目の前のクライエントさんだけを見るのではなく、家族の影響の相互的な強さと言うか、家族の関与の程度を知ることが大事です。家族の影響力が強いなという場合は、クライエントさん一人だけに会うのではなくて、家族にも相談に来てもらった方がいいなといった判断もできる。誰が一緒に来たら良いかの判断もできる。それをうまくやるとやっぱり面接はスムーズに進んでいきます。また、それは家族だけじゃありません。学校の先生に面接に来てもらうことあります。家族と一緒に面接を受けてもらうことで、家族も学校側も一気に安心が広がるということも多い。なるべく広い範囲で、相互影響を観察するという初期のプロセスはとても大事。あとから思わぬところからクレームなどが出てきてから慌てることなどないように、極力初回面接で見立てておくことが大事です。なるべく後手に回ってしまわないように。

聴衆女性⑪　それで困る人が来られた場合は、これは幸運だなっていうふうに私は捉えているんですが。

東　そうそうその通り、素晴らしい！　うまいことおびき寄せたることができたと。

聴衆　笑

東　言葉は悪いけれど（笑）。
　たとえ後手に回ったとしても、「これはえらいことになってしまった」などとは思わないことです。「失敗した」などという句読点は打たない。むしろ「これは面白いことになってきた」、このように考えることができる人は成功をつかむ人でしょうね。失敗する人というのは、すぐ失敗したって言葉にする人ですから（笑）。はい、頑張ってください。

聴衆女性⑪　ありがとうございます。

長谷川　え、私にも？　ちょっと頭が真っ白になっちゃった。……はい、思い出しました。実は、昔はけっこうありました。さっきも好転反応という言葉を使いましたが、そういうことが起こることもあるのですね。

ただ行き過ぎの好転反応というのは大きくいうと二つの理由があります。

一つは、その人にとって自然な流れじゃないことをこちらがやってしまった時。先に、手が自然と、その人にとって今、必要なところ、動いているところにいく、と言いましたよね。それが、そうではない処、つまり今は動きがないところを動かそうとすると余分な反応が起こりやすいです。たとえばですが、ここが固いから、とか、まっすぐにしなくては、とか。二〇代や三〇代前半の頃は、システム、円環的なことを知識では知っていても、つい、ここが動けば、とやってしまっていたこともあったと思う。よく師匠から言われていたのですよね。「一晩、寝たら戻るところには触れてはいけない」と。深く眠れば、だいたい疲れはとれるじゃないですか。そういう処までアプローチするのは、相手の力を奪ってしまう、と。そうではなくて、その人の力では中々改善できないところにアプローチしていかなくてはいけない、と。しかし、それも長年動かなかったところにアプローチするのは、その人にとって大きな変化を誘導してしまうので、まずは動いていく処からアプローチするのが無難と言ったわけです。それなら必要な最小限の好転反応しか起きません。

ただ、遠方からいらっしゃる方とか、この夏休みだけしか来れないのでその代わりに一週間連続で受けます、という方には、その体のシステムを大きく変えるために、一番手や二番手ではなく、三番手といいますか、今動いていない、次に、あるいは次に動きだすだろうな、という処からアプローチすることもあります。その場合は、その分、好転反応は大きくなるわけです。

東　その、好転反応が起きますよっていうのは、先に言いますか、起きてからいいますか？

長谷川　今のようなケースでしたら、あらかじめ言います。そうでない場合でも、好転反応が起きそうな場合にも必ず言います。ともかく、先に言っちゃう。

東　その方がいいでしょうね。状態が悪くなったときに慌てるのではなく、「これは好転反応なんだ、ラッキー！」なんてことになると、それだけでも予後はよろしいでしょうね。

長谷川　そういえば、最近、言い忘れたことがあったなぁ。それどころではなく、ともかく、その人の体を変えよう、と、つい懸命になってしまうあまりに。

東　何があってもラッキー！　これがコツですね。あっ、ごめんなさい、話の途中で。

長谷川　いえいえ、ありがとうございます。またも、頭が真っ白になりかけていますが（笑）。

ただ、弁解ではありませんが、私たちの場合、整体指導を受けられる方には、その前に場合によっては好転反応が生ずる可能性があることの説明をしているのですね。それは必ず。そして、その上で、そうしたことが書いてある説明文書をお渡しししていますので、それこそクレームは全く無いです。そういえば精神科医の神田橋條治先生も、セラピーにおける診断の質を測定する唯一の物差しは近い未来をいかに言い当てる得るかどうか、とか診断面接の質は予測能力による、とか仰っていましたよね。

ところで、何があってもラッキーというコツについて、先生もう少し教えていただけますか？

東　私が面接でいつも意識していることの一つに、セラピューティック・ダブルバインドというのがあります。日本語で治療的二重拘束です。これは、クライエントさんの前に二つの可能性があった場合、「どっちに転んでもＯＫ」といった枠組みを準備することだと覚えていただくと良いと思います。例えば症状が、良くなったらＯＫ！　でも悪くなってもそれはそれでＯＫ！　例えばセラピストが出した課題を、してもＯＫ！　しなくてもＯＫ！　どっちに進んでも全部ＯＫといった枠組みを準備することです。これが治療的二重拘束の基本です。それがないと、「かくかくしかじかになってしまったから私はアウト」といった現実を構成してしまう可能性が高くなる。これをブロックするのが治療的二重拘束の価値ですね。

長谷川　まさしくそうですよね！　個人的な感想になりますが、それを体に置き換えて考えてみることは、いつもよく行っていますが、それって、日常生活でも使えそうですね。

まさにＰ的なダブルバインド！

そして、それを今動いているところ、から行っていく、という文脈では、ミルトン・Ｈ・エリクソンのいうユーティライゼーションとも繋がっていますよね。

さて、さっきの話に戻って、二つ目です。ごめんなさい、まだお話ししていませんでしたから。しかしそれは今、先生が代弁してくださったのです。つまり、最初の段階でのラボール。つまり信頼感。私たちの言葉でいえば氣が通い合う関係。そしてそれを構築できるコミュニケーションの大切さですよね。

そうした、P循環、気心おけるラボールがないと、その氣に触発されて、たとえばですが「あんたのおかげで、こんなになってしまった」みたいな反応を引き起こすこともあるわけです。

先ほど、初めて東先生とお会いしときのエピソードをお話しましたが、実は続きがあるんですよ。先生は「今日、私と出会う人、全員を幸せにしたい。その人の幸せを心から願う。これだけは行っています」と仰ったわけですが、そのあと、「こういう仕事ですから、浄潤さんのところにもクレームがあることもあるでしょう。そんなこと無くなるよ」って。そして、「たとえ、そうした方が出たにしても、その人の幸せを祈るんや」って。

凄いPでしょう？ Nと感じた人にも。いえ先生は感じていないからこそできるのでしょうね。全てをPで包んでいる。

そこで、それから起こるのはP反応しかない、一見、N的に見えたことがあったにせよ。だから反対に言えば好転反応についてのことを治療者、セラピストは逃げ道には使わないこと。予測すること。これ自分に言っています。そう、私自身のことではお蔭さまで今まで一度もありませせが、ただ、三〇年前にスタッフのことで一つだけありました。その対応にボスである私が対応したのですが、N循環にもなったことがありました。大きな学びです。ただ整体指導以外のことでは、「なんで、まったく痛くない腹を……」という時は数年の一回くらいでしたがあったのですね。それは最近では皆無です。

東

やっぱ授業料取っておけばよかったな。

長谷川　できたら冊子一冊で（笑）。

聴衆女性⑪　ありがとうございます。

司会者　他にございますか？

聴衆女性⑫　私は今までどちらかというと思考の癖で何気なく物事を肯定的にみたり、人のいいところを見るようにしてきました。起きたことに関しても自分が起こしたことだと思う方が、やっぱり生きていくのが楽ですし、人をみたときにもその人をイヤだなと思うより美しいなとした方が楽なので、そのように生きてきたような気がするんですね。ただ今、立場的に職場の代表になって、部下と仕事をしていかなといけない。最近職場のある一部の人たちが楽しくなさそうなんですね。その理由を聞くと、私という人間が人のいいところや問題のよいところばかりを見るので、見えてない課題の部分やその人がやれてないところが放置されてしまって、だんだん状況が置き去りにされているから今この職場はとってもしんどいんだと言われました。そのことを突き付けられたのも初めてで、今まではどちらかというとそれでうまくいってきたと思われることが否定されてしまったわけです。それでみんなが辛そうなわけですから、私としてもすごく辛いですし、そういう状況に対して自分がどういう振る舞いをしていったらいいのか、今さっぱりわからなくて、とっても辛いなと実感があるんですが、それについて少しアドバイいただけたら嬉しいです。

東　まず大事なことは、あなたに文句や不平を言ってこられた方は、あなたにとっては神様・仏様だということです。あなたに大事なことを教えてくださっているように思います。何を教えてくださってるかというと、「中庸」。あなたは一所懸命人のいいところ見ようとされる。自分自身が生きていくのが楽。それは素晴らしいと思いますよ。でも、そうはいっても自分のことばかり考えてはいられない。人を指導する立場に立つこともある。そうなると、決して相手を憎んで言うのではなく、基本的に相手を信頼した上で、そして相手のためを思い、ちょっとは耳の痛いことも言わんといかん。生きていく上ではそういったバランスが大事で、その両方ができる人を「中庸の人」と言います。P循環が大事だ、ポジティブに見ることが大事だなどと意識過剰になると、ついついネガティブなものの見方をする人を心の中で責めたりしますが、人を裁く必要はありません。あなたに中庸の心構えが大事であることを先ほどの人は教えてくださった。今まであなたがやってきたことは素晴らしいけど、これからは中庸ってことを意識されたらいいと思います。中庸は真ん中にとどまることではありませんよ。どちらにも偏らないということです。必要に応じてどちらもできるということですね。それを意識されてみてください。今のご相談は、そういうお話として聴かせていただきました。ありがたいですね、注意してくださった方には感謝ですね。実にご神仏はあちらこちらに遍在なさっておられ、いろんな形として現れる、私たちにいろいろなことに気付かせてくれるんだろうと思います。あるときは他者の口を借りて、ある時は動物の姿で、ある時は天気で、ある時は病気という形で教えてくださる。ありがたいことです。

長谷川　そして、その天気とか病気を通して、私たちの器、身心が〝自然と〟禊がれ、育っていくのでしょうね。私の言葉で言えば整体という理想的な健康状態、心身状態に近づいていくのでしょう。つまり、タオ、大いなる命、元々の氣、元気と繋がっていくのでしょうね。

私は整体指導とか演奏をしている時に、よくあるのです。このフレーズって、今、自分が「弾きたいから」、浮かんだから、そのフレーズを弾いているわけだけど、思考を通さないので、まるで、「弾かされている」ような感覚になることが。

ゾーン状態とも言うのかもしれませんが、自分が媒体になったような感覚。でありながら、自分で、その操法、その音を選んでいるのです。両方が同時というか同じ。自力と他力の合一というか。そんなことがよくあります。

さて、東先生のお言葉に続けてバトンを受けてしまいましたが、実は、今のご質問そして先生のご回答のやりとりは、私自身が数年前に先生と何度もしていたやりとりなんです。こうして再び聞いても本当に素晴らしいです。そして私も特に家族や仕事仲間にはそうさせて戴いています。……というわけで、また先生にバトンを戻します。

東

例えばお金に困っている人が目の前にいるとしましょう。お金をあげることがその人の為になることもあれば、逆にその人の依頼心・人に頼る気持ちをかえって強め、自立の気持ちを弱めさせてしまう場合もありますよね。そうなってくると、お金をあげる方がいい場合もあれば、あげない方がいい場合もある。どちらにせよ、その人のことを考えて、ということが前提となる。では、その時々の立ち振る舞いってどのように判断するかということになると、これが、上から降りてくるんですね、はい（笑）。大きなものときちっと繋がっておくということが、やはり私のおススメ。そうすると、その時その時の直観、インスピレーションが豊かになる。今ここでの私の振る舞いに、何かに裏付けられたかのような「自信」

が伴う。こうなると、何をするにも威風堂々（笑）、楽になってきます。仮にその結果がうまくいかなくても、それはそれで意味がある。何かの気付かせであることもある。そのように考えていつまでとらわれてぐじぐじしない。そんな感じで頑張ってください。あっ、偉そうなことばっかり言ってますけど、お許しくださいね。（長谷川さんに）この質問者の方は、私の知人で、名古屋から来られているんですよ。

長谷川　ありがたいです。こうしてあらためてお一人お一人を見渡すと遠方からほんとうに数多くの方がいらっしゃって下さっていて心から感謝申し上げます。

司会者　残り時間が五分少々になってきましたので、みなさん、お聞き足りないことがありましたら、あるいは先生方、お話なりたいことをぜひ、最後にお話しいただけたらと思います。

東　一ついいですか。これは余談めいた話かもしれませんが、今日は社会構成主義の話をしましたよね。会話によって現実が作られていくのですが、まずは私一人一人が何に注目しそれにどのような意味づけをするか、といったことが会話の背景にある訳です。つまり、自分の心の中にあるものが現実になって行きやすいのだということです。これは仏教の世界でも、例えば先ほど法華経の「一切の業障海は皆妄想より生ず」というのを紹介しました。また別の経典ですが、「三界唯心」という有名な言葉があります。深い説明はなかなか大変なのですが、簡単に言うと、現象界はただ心の現れである、心の中にあるものが外に現れてるだけだってことを言おうとしています。社会構成主義にちょっと似ていますよね。さらに私がとっても面白く思うのが、量子物理学の世界でも同じようなことが言われている。簡単にいうと、物質の本質は波動で、波動がある条件で物質化する。そして条件が変わるとまた波動化する。そしてまた物質化する。この繰り返しなのですが、ではどんなときに物質化するかというと、観察者が観察したときに、物質化しやすいんですって。わかります？　人が見ることによって物質が現れてくる。「私の世界」では、今、みなさんいらっしゃるのは私が見ることで「みなさん」が物質化されているからであり、私が見なくなったらみなさん「波動」になっちゃうわけです。いや半分冗談（笑）。ともかく、こういうことが科学の世界でも言われるようになってきた。心が現実を作り上げている可能性がある。このように科学と宗教がだんだん一致してくる、面白い時代になってきているのですよと、そのことを最後にお伝えしておきたいと思います。

長谷川　今、先生が「私が見てるからみなさん物質化されているんです。私が見なくなったらみなさん波動になっちゃう」というのは、有名な〝シュレディンガーの猫〟の証明によってですよね。箱の中に猫を入れているのだけど、それを確認するまでは実はいない、という結論。それって私の好きなニサルガダッタ・マハラジの、神は私の中にある、と同じなのですよね。アートマンという意味ではなく。

先生が仰るように、この数十年、ほんとうに面白い時代になってきていますよね。私自身が不合格だった早稲田大学で、しかも氣の講義をさせていただくというのも。でも、「最後の砦」が、この講座でしょう！（笑）

ちなみにですが、その証明がされるまでは、アインシュタインは猛反対の立場だったそうですね。「神はサイコロを振らない」という有名な言葉を書いて大反駁というか、その後、もがいていましたが、それでインドに行って、詩人タゴールに会ったときにこう質問したのだそうですね。「今見てる星は私が目を閉じているときにはないのか？」って。するとタゴールは驚いてしまったそうです。そして呆れた声で「アインシュタイン、お前はそんなことも知らないのか？」と答えたのだそうです。

東　「波束の収束」と言うらしいです。

長谷川　はい。そして、波動というのは氣、と考えると、ここまで聞いた皆さんも分かりやすいですよね。

東　同じでしょうね、きっと。だから今日の話は決して怪しい話ではないんです。いや、怪しそうに見えますけどね。

聴衆　笑

東　関連して言うと、「非科学的なことは信じない。目に見えることしか信じない」などと言う人、いるでしょ？　でもよく考えるとあれも不思議な話でしてね。私たちは感覚器官の持つ「ある形式」の中で「ある現象」を見てるわけですよね。「観察」って相対的なものなんですね。仮に目が丸くなくて三角のレンズだったら、丸いレンズを通して見ているものと違う現実が「在る」ということになります。今ある五官を通して見ている世界と違う世界を捉えることになる。現実は相対的なものではないでしょうか。言い換えると、「私たちが見ているもの」は実は本当にはそのようなものとしては存在していないのではないかということです。ただ私たちの持つ五官の形式を通して「何物かが」そこに映っているだけ。波動が、私たちの五官の認識の形式に合わせて物質化するとも言える。いや、物質化も何もなくて、ひょっとするとただただ映画のスクリーンに映っているだけかもしれません（笑）。ともかく、今の「認識の形式」に映るものだけが実際に存在するものだとは限らないということです。今の「認識の形式」が変わると、今あるものが姿を変えるどころか今は見えないものの存在も見え始めるかもしれません。だから、私たちの目に見えるものがすべてだと思っていること自体、すごい思い上がりなのかもしれません。とは言え、目ん玉を三角にするわけには行きませんから（笑）、要は、私たちの「心」によって、可能な限り現実を作るようにすればいい。そこに繋がっていくわけですね。私たちに見えている現象は心で作れてしまう。実は本来何も存在しない。はい、身も蓋もない話になっちゃいましたね。

聴衆　笑

長谷川　色即是空。そして空即是色にもなれる。空と一つになれるのが水落の弛んだ状態。色を創る力は丹田の充実度。

整体の人、つまり健康な人というのは、自在に色即是空と空即是色を自由に行き来できる。簡単にいえば、とらわれがない状態でありながら、体力、リソースを発揮できる。身はありながらも蓋は無いわけです（笑）。

実はですね。先に、「今日お話しさせて戴こうと思ったことがほぼ話せていない」「でも幾つか代弁して下さって驚き」などと言いましたが、今の先生の量子力学の話。その話を最初にしようかな、と思っていたのでした。だって怪しすぎますものね（笑）。しかし、それを、まさか先生が、しかも最後に、そしてそれでまとめて下さるとは……。

それで思い出したのですが、先の整体指導とか音楽演奏のことでいえば、最初からそうしたシンクロが起きるのが当然の、繋がりができている整体、健康の状態でなくとも、反対にですね、そうした行為自体によって、繋がっていく、整体になっていく、という逆方向もあるのですよね。この質疑応答の一番最初の答え申しあげたことですよね。

そこまではなくとも、好きなことを行って、没頭、集中していると、まるでジグソーパズルのように、心や体も整っていく方向にいき、タオと繋がっていきやすくなる。つまり。道教でいう「陰極まって陽生ず」だけでなく「陽極まって陰生ず」ということですよね。空から色も生ずるわけだけど、色も徹底すれば空になる、って方向性。

今日お話しした「手当て」の例でいえば、人間の本能として、痛いところに手を当てるだけでなく、他人であっても、痛いところに手を当てたくなる、触れたくなるという本能があるわけですよね。あ、その触れるというのは東先生の二〇代、三〇代の頃の触るとはまた別で、私もそうだったと思うんですが（笑）。いえ手当てに限らず、先の一〇代の頃の先生のように、言葉をかけたくなる、行動したくなる。そういう気持ちになる。つまり愉氣ですが、人間というのは、本能的に自分だけでなく他人の命の力も引き出せるようになっている。本能の中に、そうした他人を癒す力、リソースが組み込まれているわけです。これって凄いな、と日々思っています。

そう考えると二〇代や三〇代の触れたくなる行為だって、それが自然であれば決して否定されることではなく、それこそ色即是空ではないですが、無、タオの方向にいくんです。つまり整体になっていく。実際、そうでしょう？　そこまで徹底した人は東先生以外にはいらっしゃらないかもしれませんが……

（笑）。しかし、そのように人間の体は作られている。これは本当に不思議です。相対世界である陽極まって絶対世界の陰生ず、ですね。

で、本能の「手当て」なのだけど、そしてその前に愉氣があるわけだけど、先に申し上げた「セラピスト以前」ではありませんが、行う時の自分の状態が変わると、すっと本能的に手がいくところも変わるのも面白いです。

ぜひ試してみてください。気持ちを向けるという愉氣、さらには愉氣を通しての「手当て」つまり気持ちを向けて触れる、ということを。そしてこれから日常生活の中でとり入れていって欲しいのです。するとその時の自分の状態によって手が止まるところが違うことも分かるはずです。自分が整体に近い滞りのないような状態、つまり東先生が仰る繋がっているような状態のときというのは、相手の身体がすごく希薄な感じに感じます。繋がった状態というのは、肉体どころか声も出せないほどに細かい氣、バイブレーションになっていくんですが、そうなればなるほど、相手のお体がスカスカに感じられます。そういう体験を通しても、自分の捉え方、そして自分の今の状態が全てなんだなというのを、いつも実感しています。ぜひ皆さんも試して感じてみてください。

そして、自分が整体、つまり繋がった状態になることも大切だけど、そうではなくて、ただ手を当てる、愉氣するという本能の行為を通しても、その状態に近づいていける、ということでした。思い出すのは、鈴木大拙の〝禅とは何か？〟の中にある動物的無心と人間的無心の違いです。そして、野口晴哉がいう「赤子のままでは愉氣は出来ないんです。俗心の多い大人が天心になろう、というところに愉氣の出来る理由がある」という言葉。

自分が最高なＰの状態、つまり整体の状態にならなくとも、そうしようとつとめることだけでＯＫなんだ、それがＰなんだということ。そして、その気持ちが相手の方に響くんだ、ということ。

ただ愉氣しているだけで、楽しいこと好きなことを行っていくだけで、人間の身心というのは整体になるように作られていて、そうした天心、無心、繫がった状態になっていく。

そして、それが循環していく。

何度もしつこくて申し訳ないのですが、そうした体、心に、もともと作られているという人間の不思議さを感じざるを得ません。自分がＰになろうとするだけで、相手にも響く。

反対に、相手にただ虚心で向かおうとすれば、自分も統一され、自然と整体、Ｐに近づく。つまり性善説ではないですが、先も言いましたが、人間の本能の中にそうしたＰの働きがある。そうした命の力がある。実は自然の中にＰがあった。

そして他者や他との関係性。氣の共鳴の不思議さ。先に先生が同じフレーズ、つまり量子力学の話を代弁してくださったように、そういうことが繫がっていれは起こるわけです。

そして、それが元々自然な状態で、エゴというか頭でっかちになったが為に、そしてそれは体からの影響もあるのですが、ともかくそのために不整体になって、シンクロが起きなくなってしまう。

ただ、そうした不整体な状態であっても、病気や悩みがそうであるように、それもまた自然に経過させていけば、元に戻る。自然の働き、命の力、潜在意識の本来の働きというのも、そのように作られている。

東　ましてや「悩み」も存在しない。「悩んでいる私」も存在しない。ただ、「ご神仏とつながっているところの仏性としての私」が存在するのみ。これが私の哲学であり、信仰ですね。

司会者　ありがとうございます。そろそろお時間になりますので、最後に一つだけもしご質問があれば承りたいと思います。ご遠慮なく。

東　最後の質問は良い質問が出ると思いますよ。ちょっとプレッシャーをかけちゃおう（笑）。

聴衆男性⑬　尊敬する先生方から夢のようなお話を聞かせていただいてありがとうございました。本当に嘘みたいな世界、全部がウソの世界で本当に一人一人の人が幸せになってほしいなという思いはすごくあって、今日の先生方のお話を伺っていて、やはり先生方みたいな考えをもって一人ひとりが生きれば、P循環がいろんなところで生まれるし、愉気の幸せがいろんなところで起きる世界というのは、僕はすごくいいなと思うんですが、それは実現するのに何から始めたらいいのか、自分の近しいところからやるのが一番いいと思うんですけど、どういう世界にしていきたいのか。逆に言うと、例えば東先生だったらクライエントさんが来て、魔法のような言葉かけをして問題がリフレーミングされたり、枠組みが変わったりして、その問題を解決して帰っていくんですよね。でもその後にその方々というのは、今日先生がおっしゃったような考え方を身につけて帰るわけでもないのかなって。これから一人ひとりが幸せに生きていくために何ができるのかなって、どうされているんだろうって、それがすごく気になったので、最後にお伺いできれば。

東　やはり良い質問が出ました。そうなんです。誰であっても自分にできることは何かというと、最初から自分にできることは何かというと、最初から悟りを開くことなんかが目的になるのではなくて、日々の目の前のことに一所懸命に取り組むしかないわけです。私のクライエントさんだってセラピーを受けたからといって何か悟りめいたことを獲得したりはしない。今日のような話もセラピーではまったくしない。ただ行き詰まっておられたのがセラピーを受けることでなんとなく解けて、少し楽になってまた人生の旅を続けていくという感じ。「今」を生きる勇気を少し取り戻すだけといった感じ。「今」を大切にする。大切にしている「今」のつながりの先に大切にできる「未来」がある。粗末にしている「今」の先には粗末な「未来」しかない。他者や占いが「未来」を作ってくれるわけではない。「今」を大切にできる人生が過ごせれば、それはもう小難しい理屈を超えたところで悟りの境地と言えるのではないでしょうか。それに関係することで、極楽浄土って西方十万億土も離れた遠い所にあるんだって言われている。しかし私は、極楽浄土はどこか遠くにあったり死後に行くところではなくて、「今ここ」が極楽浄土だと考えると良いように思います。「そんなことはない、この世は地獄だ」などと言う人がいますが、それはその人の心が地獄の有様であるということに他ならないのではないでしょうか。ここまで何度もお話ししてきたように、例えば問題ばかりに目を向けて不平不満を口にすると、その投影としてますます「この世の地獄」が現象化する。そのような悪循環から抜け出るために、地獄も極楽も自分の心次第としっかりと理解する。不平不満ではなく、何があっても感謝の日常を送ろうと決心する。すぐには無理でもそこを目指して生きてみる。するとそのことが実際に目の前に極楽を作り上げていく。徐々に実際に良い出来事が多くなるでしょうし、仮に何か事件があっても、心の平安が保たれる。このような循環が生じるのだと考えています。ちょっと気持ち悪い話をすると、現世の心のありようがその人の死後、すなわち魂の存在次元が移動した時にも、極楽であれ地獄であれ、そのままの形で持続してしまうようにも感じられます。ともかく、幸せに生きていくためには頭でっかちになって理屈っぽい悟りを求めることなどに興味を持たず、ただただ目の前のことに一所懸命取り組む。「今」を大切にする。これ以上の処方箋はないように思います。今日の話も「今」を大切に生きて行くためのちょっとした方法・工夫の紹介であったとご理解くださると幸いです。

長谷川　まったく以下同文です。

それを、私としては、今までのこの時間の中で、いろいろな形で、言い散らかしていたかなぁ、と。別の表現で言ったり、何度も同じこと言ったり。

でも、先生が「今」仰った、いや、それはもう過去や。先に仰った「今」そしてここ、というのは、ほんとうに本当にキーワードだと思います。その大切さをお伝えしたく、今〝まで〟の時間があったのだと思います。

いつも、今しかないんです。その中で何ができるか、ということ。

いや、今ですよ！

先生と違う表現をするなら、それを捉え方ではなく感情、感覚的にも感じてみる。愉氣ですね。つまり、自分自身のすべてを味わい愛でる。

これは、日常生活の中での座禅というか、愉氣的生活、瞑想的生活といってもいいでしょう。瞑想の時にそうしているように、生活の中も瞑想中だと思って、去来する思考や感情、感覚を味わい愛でる。つまり愉氣していく。するとね、今に戻ります。そしてまた、さらに進んでいくと、今、そのものになっていきます。

「今！」って思ったときは過去じゃないですか。そうでなく、時間でない「今」と一つになっていきます。

そう実際に、この身体だって一年後には全く無いんですからね、骨だって八カ月で全部細胞が新しくなっているわけで、そうした無い世界、つまり色の世界、相対世界に訪れた時には、そうした舵取りがかえって自由にできる。つまり自己受容ができている度合いが深いほど、それができるわけです。体でいえば丹田の実でしたね。

そうなると、この現実というリーラの世界、夢の世界でも、時間軸の意味でも「今」を活かすことができる。これを全生と私たちは言っています。

ともかく「今」を活かすように、つまり今が極楽浄土だって思えるように、東先生は皆さんの意識だけでなく潜在意識レベルまでも皆さんにお話し下さったと感じています。その意味で、今日の先生のお話は、まさに潜在意識教育だったと思います。そしてまた、ご質問者が仰る他の方々へのことに対するご回答も含めて。まずは私たち自身から始めよう、ということも、直接的ではありませんでしたがありました。そしてそれが相手の方、他の方々へも伝播されていく、ということ。そういう意味では、このご質問者の質問の回答は、この時間の中での先生のお姿、言動にすべて孕まれているような気もします。あと、ここからはご質問者に対しての私の個人的な感覚ですが、今、具体的なことがふっと訪れていないだけで、それは必ず見つかるんじゃないかなぁ。それも近い内に。そう、東先生は私たちにとって、何より大切な考え方をノンバーバル的にもお伝えしていて、それは先も言ったように後ろのほうでありましたが、意識のみならず氣レベルでも。ともかく感動しました。

そしてその上で、意識レベルとしても、そのように思えるにはどうしたらいいか、その器づくりというか、それについても言及されていらっしゃりました。つまり、私の言葉でいえば、幸せを感じ、幸せを作れる心づくり、体づくり。私たちの言葉でいえば、幸せな心身を作る健康の自然法とでもいいましょうか。先生は、元々の私たち、つまり源、大いなる命に戻すということを含めて、幸せになるために最も大切なこと、をお話し下さったと感じています。

あ、その意味では、Pという言葉だけは「今」だけでなく、覚えてほしいです（笑）。

ついでにいえは、自己受容――元々の私、源、大いなる命のほうの、つまり水落のほうは、peace のP。

そして、この現実世界を創っていく、今できること、夢、体力という相対世界の丹田はさっき言った happy のP。

ロジャースのいう「今のままで大丈夫」というP、「そしてまた変えることもできる」というソリューションのP。

これって、ビル・オハンロンの意訳です、私たち氣道の原点、エッセンス。

野口晴哉もそう思うんじゃないかなぁ。

そして、さらに言えば、「それらを引っくるめて、全部、大丈夫や」というエリクソンや晴哉先生のいうPNを超えた常に遍在するパーフェクトのP。

「P」という言葉には、ご質問者への回答を含めて、今回お話しさせていただいたことすべてが入ってると思います。

綺麗にまとまりました（笑）。

司会者　ありがとうございます。お時間過ぎましたので、これで閉会させていただきたいと思います。今日はほんとに素晴らしい場で、そして皆様も素晴らしい意識をもちよってくださって、お二人の先生方からほんとうに素晴らしいお話を聞かせていただけたと思います。先生方どうもありがとうございました。

東・長谷川　ありがとうございました。

聴衆　大拍手

あとがき

私（たち？）の仕事は、愉氣――ただ気持ちを向けること――の計り知れない大切さ、そして素晴らしさを、多くの方に知っていただきたい、ということです。

「感情は、その人の観念から生ずる」とは、心理学の本だけでなく、よく言われていることです。

しかし、思考の前に、言葉の前に、氣があります。

気持ち、愉氣があります。

そして、その愉氣によって、思考や感情もクリーニングすることができる。

反対に、言葉を伴い、クリエイトすることもできる。

――そうした、気持ち（愉氣）の素晴らしさ、大切さを、一人でも多くの方に知ってほしく、仕事を続けていますし、その延長としてこの講座（本）に向いました。

そして、何より大切なその〝愉氣〟を十全と活用するためにこそ、体からのアプローチであるとか、その中にも含まれる潜在意識に〝まかせる〟ことがあるのではないかと思っています。

この（講座）本を通して、皆さまの「幸せな体」「幸せな心」という『幸せな器』づくりの一助になったら幸いです。

最後に、この本が出来るまでにお世話になった方々に、この場を借りて感謝させて下さい。

何より、尊愛なる東豊先生。続いて、お世話になった目茶ナイスガイで情熱溢るる遠見書房社長　山内さま、そしてこの本の校正の間ずっと私の休日をサポートして下さった駒形さま。校正とテープ起こしまでして下さった左脳裕子（本名　佐野裕子）、そして遠見書房のスタッフの方々、東ゼミの方々、氣道協会のスタッフの方々。そして会員の方々、家族、そして両親、先祖の方々。そして私と関わりのある全ての方々。また今後ご縁のある全ての方々。・（合掌）

最後の最後に、エピソードをひとつだけ紹介させてください。


それは、私の尊敬する演奏家、パブロ・カザルスの言葉です。

彼が、一九七一年に国連本部において、各国の主催者の前で、演奏前に語った言葉です。

その言葉の意味は、この本を最後までお読みになれば、必ず分かって下さることでしょう。

もし、この「あとがき」をこの本を読む前にご覧になっているとしたら、「この本をお読みになる前に」、彼がこの言葉を語ったYoutube映像をご覧になってください。

（「パブロ・カザルス・国連本部」で検索をすると出ると思います。念のため巻末の「参考文献」にもYouTubeアドレスを記載しました）


彼のその時の言葉は、この本に書かれてあるＰＮを孕む大いなるＰ（タオ）つまり、いつもすでに在るＰ

そのものではありませんが、それに連なっていく生死を超えたPを感じます。
その意味では、この本の内容を最も端的にあらわしているメッセージだと思います。

……

わたしは、もう四十年ちかく人前で演奏をしてきませんでした。
でも今日は、演奏しなければなりません。
今日これから演奏するのは、みじかい曲です。
その曲は……「鳥たちのうた」と呼ばれています。
空を飛ぶ鳥たちは、こう歌うのです。

Peace！ Peace！ Peace！
Peace！ Peace！ Peace！

そして、その鳥は、いつも、今も、ここに在るのです。（長谷川浄潤）

参考文献

本文中に言及したもの
※この項では著者名を先にして掲載しております。
〈書籍〉
・ステファン・ボディアン著「過去にも未来にもとらわれない生き方」（ＰＨＰ研究所）
・吉本武史著「この世はすべて催眠術」
・神田橋條治著「精神科診断面接のコツ（追補）」岩崎学術出版社、「医学部講義」（創元社）
・野口晴哉著「治療の書」「偶感集」「碧眼ところどころ」「大弦小弦」「風晴明語」（全生社）
・甲野善紀著「表の体育裏の体育」（壮神社）
・中村天風著「研心抄」（天風会）
・荘子（岩波文庫）
・東豊著「セラピスト入門」「セラピストの技法」「セラピスト誕生」「リフレーミングの秘訣」（いずれも日本評論社）
・ＭＲＩの翻訳題名の『解決が問題である』
・スダカール・S・ディクシット他「アイ・アム・ザット　私は在る―ニサルガダッタ・マハラジとの対話」（ナチュラルスピリット）
・ジッドゥ・クルシュナムルティ「自己の変容」（めるくまーる）『自我の終焉』（篠崎書林）
〈ＤＶＤ（＆ＣＤ）〉
・長谷川淨潤「セラピスト以前」（〝氣道〟協会出版）「幸せになるための秘訣」（ＣＤ）「ガンについて」「放射能講座」（〝氣道〟協会）
あとがきで言及したもの
・「鳥たちのうた」（パブロ・カザルス）一九七一年国連スピーチ＆イントロ・ミックス）https://www.youtube.com/

watch?v=3umVAHJNUKE

※「重要」ちなみに、パブロ・カザルスのCDとしては何より一九一〇年代のものがお薦めです。ちなみに長谷川の愛聴盤は『THE EARLY RECORDINGS OF PABLO CASALS』（WING）です。

お勧めの図書等

〈東豊〉

・「セラピスト入門」「セラピスト誕生」「リフレーミングの秘訣」「マンガでわかる家族療法」（いずれも日本評論社）

※ここは必読。

・「DVDでわかる家族面接のコツ①〜③」（遠見書房）

※著者の実際のセラピーとその解説が読めるシリーズ。DVDつきの本。※その他多数。

〈長谷川淨潤〉

・「氣道」（『と』出版）……「氣道」のエッセンスが凝縮された、美に溢れた写真詩集。著者存命中の遺書。おすすめ。

・「東洋医学セルフケア」（筑摩文庫）……一家に一冊！必携の書です。

・「声が変わると人生が変わる」（春秋社）……声に全く興味のない方でも、どなたにもお薦めできる初心者向けの本。

・「健康法——常識のウソ」（〝氣道〟協会）……健康法の真実に迫る、脅威の一冊。

・「長谷川淨潤即興ピアノオムニバス」（CD）／「即興演奏オムニバス」（DVD）……生きとし生ける全ての魂に捧げられた、渾身の即興ソロピアノ演奏（〝氣道〟協会）

〈東豊＆長谷川淨潤〉

「心と体の学校——人生諸問題に対する心身両面からの〝幸せ〟へのアプローチ」（DVD）（〝氣道〟協会）

●その他の著者

・「朴葉の下駄」野口昭子著（全生社）

・「あるヨギの自叙伝」パラマハンサ・ヨガナンダ（森北出版）

・「あなたにしか起こせない奇跡」神社昌弘（東洋出版）
・「わたしの参禅記」五十部泰石（フェイスブック「司空庵」にて）
・「喜びから人生を生きる」アニータ・ムアジャーニ（ナチュラルスピリット）
・「現代催眠入門」「心理療法＆現代催眠修得講座」吉本武史（〝氣道〟協会。どちらもＣＤ）

●著者の活動等

東　豊

心理療法家として臨床活動やセミナー等を行うことも多々ありますが、所属としては龍谷大学文学部臨床学科教授です。授業を通して多くの学生に心理学や心理療法を教えています。専門は家族療法、システムズアプローチ。同大学大学院附属の臨床心理相談室等で後進の指導を兼ね、臨床活動にあたることもあります。

入門書としてもおすすめなのは、「マンガでわかる家族療法―親子のカウンセリング編」（日本評論社）あるいは「セラピスト入門―システムズアプローチへの招待」（日本評論社）。共著者の長谷川がよくおすすめしているのは、「一冊だけ読むのなら、『リフレーミングの秘訣』。本当は『セラピスト入門』『セラピストの技法』『セラピストの誕生』『リフレーミングの秘訣』（いずれも日本評論社）。また、実際の面接風景をご覧になりたい方には、「ＤＶＤでわかる家族面接のコツ①〜③」など、遠見書房から刊行しているＤＶＤをぜひご覧ください。

長谷川浄潤

氣道協会にて、長谷川をはじめとする指導者の整体（指導）を受けられます（資料請求無料）。

〒２３１・００４５　神奈川県横浜市中区伊勢佐木町５－１２７
特定非営利活動法人 氣道協会事務局
TEL:045-261-3300／FAX:045-261-3304
E-mail: mail@npo-kido.com　URL: https://npo-kido.com/

長谷川出演のコンテンツや動画などの紹介もありますので、氣道協会のホームページをぜひご覧ください

著者紹介

東　豊（ひがし・ゆたか）
龍谷大学文学部臨床心理学科教授，臨床心理士，公認心理師，医学博士（鳥取大学）
1956年滋賀県生まれ。関西学院大学文学部心理学科卒。九州大学医学部心療内科，鳥取大学医学部精神神経科，神戸松蔭女子学院大学人間科学部心理学科などを経て現職。心理臨床の世界で影響力のあるセラピストの一人。専門はシステムズアプローチ・家族療法。

長谷川浄潤（はせがわ・じょうじゅん）
「氣道」協会代表，早稲田大学 opencollege 講師，僧侶，神官，博士（名誉医学）
1961年神奈川県生まれ。幼少より体と心（潜在意識）に関心があり，10歳より様々な身心技法を学ぶ。（野口）整体の世界で影響力のある整体指導者の一人。専門はボディ・システムズアプローチ（“幸せな体づくり”）・瞑想療法。歩いていると鳥や蝶が寄ってくることで有名。

幸《しあわ》せな心《こころ》と体《からだ》のつくり方《かた》

2019年3月15日　発行

著　者　東《ひがし》　豊《ゆたか》・長谷川《はせがわ》　浄潤《じょうじゅん》
発行人　山内俊介
発行所　遠見書房

遠見書房
〒181-0002 東京都三鷹市牟礼 6-24-12
三鷹ナショナルコート 004
TEL 050-3735-8185 FAX 050-3488-3894
tomi@tomishobo.com　http://tomishobo.com
郵便振替　00120-4-585728

印刷　太平印刷社・製本　井上製本所

ISBN978-4-86616-085-6　C3011